DIE OFFENEN

Musikalische Frühförderung in Köln-Weiden

Marianne Quast

FRÖBEL Kindergarten
Weidenwichtel in Köln-Weiden

49
EDITION
ERNEUERUNG GEISTIGER WERTE

Dr.-Ing.-Hans-Joachim-Lenz-Stiftung

ISBN-13 978-3-938088-52-4
1. Auflage Dezember 2017

Bibliographische Information der Deutschen Bibliothek:
Die Deutsche Bibliothek verzeichnet die Publikation in der Deutschen Nationalbibliothek; detaillierte Daten sind im Internet über http://dnb.ddb.de abrufbar.

Umschlag: Andreas Willisch
Buchblock: Hans-Jürgen Wiehr

Druck und Vertrieb: Books on Demand GmbH, Norderstedt
Printed in Germany

Inhalt

Vorwort der Stiftung

Stimme wird zur Sprache
Sprache wird zum Gesang
Gesang wird zur Musik.

Stimme haben viele Geschöpfe
vom Schnattern zum Zwitschern
vom Grunzen zum Brüllen
vom Mienzen zum Bellen

Sprache hat allein der Mensch
auf Kontinenten und Ländern
auf Griechisch und Latein
in Mundart und Dialekten

Gesang ist allen Frohnaturen
dem Zecher und dem Wanderer
den ganz Jungen und ganz Alten
dem Sucher und dem Finder

Musik aber ist den Göttern
Musik hebt uns in himmlische Sphären
Musik den Kleinen für einen himmlischen Weg
durch die Welt.

Hans-Joachim Lenz
Stifter und Vorstand

Dr.-Ing.-Hans-Joachim-Lenz-Stiftung
Stiftung zur Erneuerung geistiger Werte

Danksagung des Kindergartens

In unserem FRÖBEL-Kindergarten „Weidenwichtel" in Köln-Weiden werden 80 Kinder im Alter von 4 Monaten bis zum Eintritt in die Schule betreut. Durch eine offene Pädagogik sowie unseren drei Grundprinzipien Beziehung, Individualisierung und Partizipation ist es unser Bestreben, allen Kindern, gleich welcher Herkunft, die besten und gleichen Bildungschancen zu ermöglichen. Wir begleiten die Kinder auf ihrem individuellen Weg, unterstützen sie bei der Entdeckung ihrer eigenen Kompetenzen und Stärken und helfen ihnen dabei, diese auszubauen.

Wir sind sehr dankbar darüber, dass wir mit Hilfe der Dr.-Ing.-Hans-Joachim-Lenz-Stiftung, Stiftung zur Erneuerung geistiger Werte, auch eine intensive musikalische Bildung in unsere Einrichtung bringen konnten. Frau Quast begeistert die Kinder stets aufs Neue und verbindet mit ihrem Programm die Förderung von Musik, Rhythmus, Bewegung und Sprache, was sich seit Beginn des Programms wie ein roter Faden durch den Alltag unseres Kindergartens zieht.

Durch Musik können Kinder Emotionen wahrnehmen und lernen, diese auszudrücken, selbst, wenn sie sprachlich dazu noch nicht in der Lage sind. Musikalische Frühförderung findet demnach bei uns dank Frau Quast schon bei den Kleinsten statt.

Im Namen aller Kinder, Erzieher und Eltern möchte ich mich für die Bereitstellung der Stiftungsgelder und die dadurch entstandene Zusammenarbeit mit Frau Quast von Herzen bedanken.

Jenny Kurth
Leiterin des FRÖBEL-Kindergartens „Weidenwichtel",
Köln-Weiden

Worte der Projektleiterin

Ein Jahr lang die musikalische Frühförderung im Fröbel-Kindergarten „Weidenwichtel" aufzubauen, stellte für mich eine besondere Möglichkeit dar, die sich in meinem musikpädagogischen Arbeitsalltag bisher noch nicht gezeigt hatte.

In dieser so jungen Einrichtung, die selbst noch dabei war, alle Kita-Plätze zu belegen, das Erzieher-Team zu bilden und eine fruchtbare Elternarbeit in Gang zu bringen, bot sich die Gelegenheit, Kindern die Musik von der Basis her nahezubringen. Alle „Weidenwichtel" waren offen für dieses Projekt und unterstützten mich tatkräftig. Die Leiterin Frau Jenny Kurth kannte mich und meine Arbeit aus einem anderen Fröbel-Kindergarten. Das war eine gute Grundlage für eine fruchtbare Zusammenarbeit. Unser gemeinsames Ziel war es, die Kinder individuell zu fördern und gleichzeitig die Gemeinschaft zu stärken. Ohne die Unterstützung der Dr.-Ing.-Hans-Joachim-Lenz-Stiftung wäre dieser Start jedoch nicht möglich gewesen, da der neue Kindergarten im Oktober 2016 noch keinen stabilen Förderkreis in der Elternschaft vorweisen konnte.

In dieser Dokumentation möchte ich zeigen, wie sich der Aufbau der musikalischen Früherziehung bei den Weidenwichteln entwickelt und entfaltet hat. Aus meiner Sicht als Musikpädagogin ist mir wieder einmal deutlich geworden, dass „weniger" oft „mehr" ist, dass Langsamkeit und viel Wiederholen Vorrang haben und stärkend wirken.

Besonders die ganz Kleinen brauchen Zeit. Das, was sie hören, verarbeiten sie in sich. Der Prozess des Verstehens geschieht im Kind selbst, kann aber von dessen Mimik und Gestik abgelesen werden. So ist ein behutsames und einfühlsames Vorgehen wichtig.

Wenn dann die Musikinstrumente aus der Elementarpädagogik dazukommen, kann das Kind das Gehörte begleiten, dem inneren Erleben Ausdruck geben und sogar selbst Musik kreieren, indem Lautstärke und Geschwindigkeit variiert werden. Je sicherer die Kleinen mit den Liedern und den Abläufen werden, umso mehr kann sich die Musikrunde selbst gestalten und mit den Tagesbedürfnissen der Kinder mitgehen.
Zu Beginn jedoch war es wichtig, strukturelle Vorgaben und einen klaren Rahmen zu schaffen, der bei den Kleinsten auch immer beibehalten wird.

Danke an das Leitungsteam der „Weidenwichtel" und an alle Erzieher, dass dieses musische Angebot nun ein fester Bestandteil in der Einrichtung geworden ist. Ich kann auf viele schöne Erlebnisse zurückblicken und freue mich sehr, dass es gelungen ist, die Kinder für Musik zu begeistern.

Mein Dank gilt besonders Herrn Dr.-Ing. Hans-Joachim Lenz, Frau Dr. Gabriela Wolf, Frau Angelika Nauth, allen Spendern und denjenigen, die im Hintergrund an diesem Projekt mitgewirkt haben.

Marianne Quast, Musikpädagogin

Wo immer Gott sich dem Meschen kundtat, wurde er gehört. Er mag im Lichte erschienen sein, aber um verstanden werden zu können, mußte Seine Stimme vernommen werden. „Und Gott sprach" ist eine Standardformel aller Heiligen Schriften. Die Ohren sind das Tor.

Das Feld des Gesehenen ist Oberfläche. Der Bereich des Gehörten ist Tiefe. Das Auge tastet Flächen ab. Nichts aber kann durch das Ohr wahrgenommen werden, was nicht eindringt. Ja, auch dann, wenn etwas nur oberflächlich gehört wird, muß es immer noch tiefer eindringen als der Blick, der in die Oberfläche, die allein er wahrnehmen kann, überhaupt nicht hinein kann. Der hörende Mensch also hat mehr Chancen, in die Tiefe zu dringen, als der sehende.

Was immer in diesen Jahren über das Neue Bewußtsein gesagt worden ist, ist richtig und wesentlich, aber eines wurde vergessen: Der Neue Mensch wird ein hörender Mensch sein – oder er wird nicht sein.

(Joachim-Ernst Berendt: *Nada Brahma. Die Welt ist Klang*, S. 15 f.)

1 Idee und Konzept

Bereits im Mutterleib und in den ersten Wochen nach der Geburt können Babys Tonhöhen, Rhythmen, Klänge und sogar Melodieverläufe unterscheiden und einordnen. Nach wenigen Monaten ist die Ausbildung der Fähigkeit zu hören zwar weitgehend abgeschlossen, doch wird das Gehör durch vielfältige Eindrücke und Erlebnisse besonders in den ersten drei Lebensjahren kontinuierlich weiterentwickelt. In dieser sensiblen Phase werden diese Hörerlebnisse von der kindlichen Innenwelt gedeutet und bewertet. Das Vorsingen von Mama und Papa, besser noch das gemeinsame Singen und Musizieren in der Familie und später im Kindergarten prägen das spätere Leben des Kindes. Dabei geht es mehr um die liebevolle Zuwendung und das spielerische Zusammenschwingen als um ein „schönes, korrektes" Singen. Hier setzt die musikalische Früherziehung an.

Kinder erfreuen sich an Musik. Wenn dieses Interesse früh aufgegriffen wird, kann es zu einem schöpferischen Erlebnis werden, welches nicht nur die Musikalität fördert. Vielmehr geht es um eine ganzheitliche Erziehung, da Musik, Sprache und Bewegung spielerisch verknüpft werden. Die kindliche Neugier, das Interesse am Ausprobieren und das freie Spiel stehen dabei im Vordergrund. Schon der Schweizer Jugendpsychologe Jean Piaget (1896–1980) betonte: *„Spielen ist Lernen."* [1]

Heute ist hinreichend bekannt, dass das Zusammenwirken von rechter und linker Gehirnhälfte ganz entscheidend ist, um sich zu erinnern, neue Zellverbindungen zu schaffen und somit die Vernetzung und komplexe Gehirnentwicklung zu unterstützen. Wenn Musik und Sprache in einem Lied miteinander kombiniert werden, geschieht genau dies. Räumliche Vorstellungskraft, bildhaftes und kreatives Denken sind rechts angesiedelt, während die Sprache mit Logik und Abstraktionsvermögen links sitzt. Wenn die Kinder singen und ihren Gesang mit Instrumenten begleiten oder sich dazu bewegen, sind beide Hälften des Gehirns gleichzeitig aktiv. Die Kinder sind hellwach, hören aufmerksam zu und machen konzentriert mit.

Nach Friedrich Fröbel (1782–1852) geht es beim Spiel vor allem darum, Äußerliches innerlich und Innerliches äußerlich zu machen, entsprechend der Vorstellung, dass Empfindungen ausgedrückt werden müssen und das eigene Verhalten einen Eindruck in der Welt hinterlassen soll. Der spielerische Umgang mit der eigenen Stimme und mit Instrumenten bietet dem Kind vielfältige Möglichkeiten, sich selbst und die anderen zu erleben.

Auch die ganz Kleinen sind sehr aufmerksam und offen. Man spürt, wie sie förmlich in die Musik hineingehen. Spontan wenden sie sich einer Klangquelle zu, wollen danach greifen oder wiegen ihren Körper im Rhythmus der Musik. Manche beginnen sogar „mitzubrabbeln" oder zu tönen.

Dass Kinder Musik und Sprache (Gesang) aktiv erleben und nicht nur die „Unterhaltung aus der Konserve" nutzen, liegt mir besonders am Herzen. Ihre Fähigkeiten entdecken die Kinder am besten, indem sie die Erlebnisse selbst initiieren und gestalten. Nach und nach ergeben sich viele Formen des Spiels, die die Kinder veranlassen, ihre Stimmung mittels Musik auszuleben und zu zeigen. Musikwissenschaftler sprechen hier von der Begegnung „innerer und äußerer Töne". Mit den äußeren Tönen bringen die Kinder ihre Befindlichkeit, Sympathie und Antipathie, ja, alle Arten von Gefühlen zum Ausdruck. So wie ein Zug, der unterschiedliche Waggons zieht, erscheint die Musik. Mal steigen die Kinder in den einen, mal in den anderen Waggon ein. Der eine ist lustig, der andere traurig, der nächste laut, der übernächste still. Über Klänge ist dies schon für die Jüngsten sehr einfach nachvollziehbar.

Für unsere Musikspiele werden vorhandene, aber auch selbst gebaute Instrumente genutzt. Die Kinder erzeugen aber auch Musik, indem sie mit den Füßen stampfen, mit den Fingern tippen, auf die Knie patschen oder mit der Zunge „Lalala" hervorbringen. Die unter Dreijährigen trommeln sehr gerne auf Bauch und Kopf, aber auch auf den Boden und andere Gegenstände, die sie finden. Wenn die Kinder singen, halten sie immer wieder inne und schauen den anderen zu oder betrachten sich selbst. Neugierig lauschen sie den vielfältigen Klängen. Wie hört es sich beispielsweise an, wenn man laut in die Hände klatscht im Unterschied zum leisen Stupsen auf die eigene Nase?

Weil Tanz- und Musikspiele häufig ineinander übergehen, haben besonders die älteren Kinder viel Freude an einer rhythmischen Bewegung nach Musik, an Körperkontakt mit anderen Tänzern und an veränderbaren Abläufen während des Tanzspiels. Mit dieser Altersgruppe gestaltet sich die musikalische Früherziehung vollkommen anders: Dabei kann es sein, dass die Bewegung während des Tanzspiels frei assoziiert wird oder auch vorgegeben ist. Entscheidend allerdings bleibt immer das Zusammenspiel von Musik und ihrer Ausdruckskraft, der Melodie, dem Rhythmus und dem eigenen Tanz.

Musik lädt zum Bewegen und zum Handeln ein, Geist und Körper werden angesprochen und angeregt. Das wiederum erzeugt im Kind ein Gefühl von größerer Sicherheit in Bezug auf sich selbst und den Kontakt zur Außenwelt. Dieser Kontakt beginnt mit der Stimme, die ein Säugling schon mit dem ersten Schrei nach der Geburt benutzt. Bereits in den ersten Monaten des Lebens bringt er viele Töne hervor, die zur melodischen Beantwortung anregen. Mit zunehmendem Alter erfinden Kinder über das bereits Gehörte hinaus eigene Melodien.

Bei den jüngsten Weidenwichtelkindern, die erst ein bzw. anderthalb Jahre alt sind, ist der Zugang über diese Ebene besonders wichtig, denn die Kleinen entwickeln in dieser Zeit erst ihre Sprache, viele können noch nicht einmal ihren Namen sagen. Wenn sie brabbeln, lallen oder andere Laute erzeugen, vereinen sich Stimme, Sprache und Klang spielerisch und leicht. Diese Laute der Kleinen aufzunehmen und in ein einfaches melodisches „Lalala" oder „Lululu" hinüberzuführen, überfordert sie nicht, wirkt vielmehr anregend. Vertrauen baut sich schneller auf, wenn die von den Kindern produzierten Töne und Laute durch Klatschen oder Mitwiegen unterstützt werden. Zu den verschiedenen Klangfarben, die aus den kleinen Mündern purzeln, können leichte Tonfolgen mit vielen Wiederholungen entstehen. Dieses sanfte Wechselspiel wirkt beruhigend und baut Nähe auf. Je älter die Kinder werden, umso mehr verbinden sich die Laute zu Melodien und schließlich zu ersten Liedern.

Die Kinder ab drei Jahren werden angeregt, melodische, rhythmische und sprachliche Verläufe aufzunehmen, sie zu verinnerlichen und wiederzugeben. Kinder singen ausgesprochen gern. Dieses Potential gilt es, zu erhalten und zu fördern. Gemeinsam singen wir Begrüßungs-, Schlaf-, Tanz-, Spaß-, und Spiellieder. So erweitert sich das Erfahrungsfeld der Kinder.

Die musikalischen Einheiten sind keine konstruierten Lernsituationen, sondern finden in einer freudvollen, spielerischen Situation statt. Alle Sinne sind einbezogen.

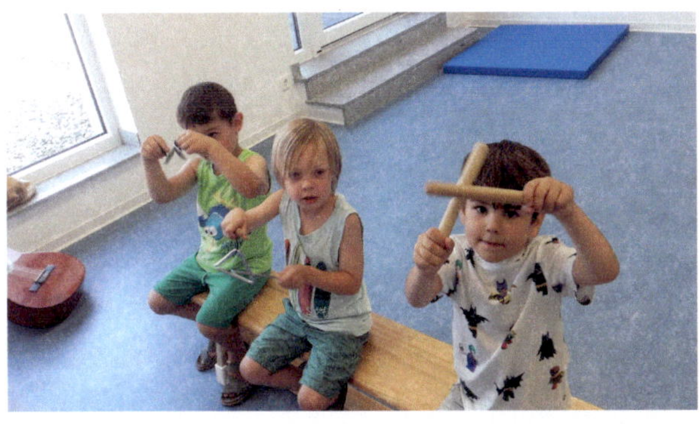

Dass Musizieren verbindet, erleben wir immer in unseren Musikstunden. Wenn wir gemeinsam singen, trommeln, tanzen oder klatschen nehmen die Kinder sehr schnell Kontakt untereinander auf und entwickeln ein tiefes Gemeinschaftsgefühl. Darüber hinaus bereichert Musik die verbale und nonverbale Kommunikation und unterstützt direkt und intensiv die Sprachentwicklung. Auch stillere Kinder sind mit „offenen Öhrchen" sehr aufmerksam dabei. Musik kann somit die äußere mit der inneren Welt und umgekehrt verbinden. Dorothée Kreusch-Jakob erklärt dazu: *„Wenn Kindheit klingen soll, müssen wir Kindern helfen, ihr Instrument zu stimmen, auf dass sie Töne hervorbringen, mit denen sie mit sich selbst und der Welt in Einklang kommen!"* [2]

Freude und Interesse an der Musik wecken und vertiefen

Kinder lieben Musik. Ihre Freude und Lust am Musizieren soll geweckt und vertieft werden, denn was Kinder mit Freude tun, verinnerlichen sie langfristig. In den musikalischen Einheiten mit den Kindern geht es vornehmlich um Spiel und Spaß und nicht um Leistung.

Wahrnehmung fördern und stärken

Wahrnehmen ist ein aktiver Prozess, bei dem das Kind sich an einem Geschehen beteiligt. Es beobachtet, es nimmt akustische Reize auf, es differenziert und ordnet zu. Wenn ein Kind singt, musiziert und sich bewegt, werden Signale an die Sinne, die Seele und den Geist des Kindes ausgesendet. Diese Impulse sind Grundlage wichtiger Lernvorgänge. Jedes Kind wird ermutigt, aktiv an den Musikeinheiten teilzunehmen. Es lernt dadurch intensiv wahrzunehmen und kann somit Erlebtes sicherer wiedergeben. Indem Lieder, Rhythmen und andere musikalische Aktivitäten wiederholt werden, entwickeln die Kinder ein enormes musikalisches Gedächtnis und nehmen sehr differenziert wahr. Deshalb werden den Kindern möglichst viele Anregungen und Anreize geboten, damit sie mit der Musik in einen aktiven Dialog treten können.

Von Musik bewegt werden

Jede Art von Bewegung ist für die Entwicklung der Persönlichkeit bedeutsam und stellt damit ein Grundbedürfnis dar. Diesem Grundbedürfnis wird in unserer musisch-rhythmischen Kinderförderung in vollem Maße entsprochen.
In jeder Stunde sind die Kinder in Bewegung: beim Spiel, Tanz und Rollenspiel. Bewegung in Wechselwirkung mit Musik erleben heißt, den eigenen Körperrhythmus mit den rhythmischen Impulsen der Musik zu vereinen. Bewegung dient neben der Förderung der sozialen, emotionalen und motorischen Entwicklung vor allem auch der rhythmischen Förderung und Schulung.

Freude am Singen und Sprechen und an der Stimmentfaltung

Die Stimme und die vielfältigen Möglichkeiten ihres Ausdrucks sind ein stets verfügbares Instrument zum aktiven Musizieren. Kern der musikalischen Früherziehung ist das Singen und Sprechen. Sie haben in der Gestaltung der Stunden einen zentralen Platz. Auch Yehudi Menuhin (1916–1999) hebt die Bedeutung des Singens hervor: *„Singen halte ich für ganz wesentlich – es ist unser Ursprung aller Musik."* [3]

Lust am Musizieren

Das Kind kann seinen Körper als Musikinstrument erfahren, sich im Grundschlag wiegen oder damit Geräusche und Töne erzeugen und auf diese Weise seinen Gesang begleiten. Instrumente für Kinder, wie beispielsweise eine Erbsenrassel, wurden in diesem Jahr selbst gebastelt.
So können die Kinder hautnah erleben, wie Instrumente funktionieren.

Instrumente

Die „echten" Instrumente üben auf Kinder einen sehr starken Reiz aus. Bei der musikalischen Frühförderung werden sie bei der Begleitung von Lied, Tanz und Bewegung eingesetzt, aber auch bei Klanggeschichten und beim Experimentieren mit musikalischen Parametern wie langsam-schnell, laut-leise, hell-dunkel, laut und leiser werden, schneller werden, Spiel und Pause.

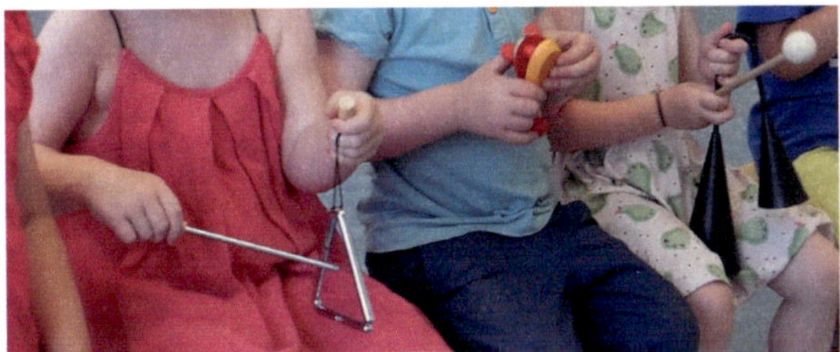

Bewusstes Musik-Hören, Hörkonzentration entwickeln

Das Hören wird durch ein ausgewähltes Angebot an akustischen Eindrücken gefördert. Spezielle Aufgaben sollen das Gehör mehr und mehr sensibilisieren. Dazu zählen zunächst Geräusche und Tierstimmen, dann Klänge verschiedener Instrumente und Musikstücke, die zunehmend mit dem auditiven Sinn differenziert und katalogisiert werden.

Ausbildung des musikalischen Vorstellungsvermögens „Klang-Rhythmus-Melodie-Dynamik-Tempo"

Um zu begreifen, was Musik ist, müssen die Kinder alle musikalischen Parameter selbst umsetzen. Wenn sie singen, ein Instrument spielen oder sich bewegen und dabei beispielsweise Tempo, Dynamik oder Tonhöhe wechseln, erleben sie diese Veränderung mit allen Fasern ihres Körpers. Sie tauchen gewissermaßen in die Musik ein und fühlen deren Eigenschaften und Merkmale.

In diesem Sinne werden alle musikalischen Einheiten im Fröbel-Kindergarten „Weidenwichtel" durchgeführt. Die tagesabhängige Befindlichkeit der Kinder hat Vorrang und wird mit entsprechenden Liedern balanciert, bevor die jeweiligen Module thematisch umgesetzt werden.

Die meisten Kinder sind sehr offen. Sie erproben den möglichen Ausdruck ihres Körpers. Je älter ein Kind wird, umso differenzierter werden die sprachlichen Elemente. Oft bemerke ich, wie die Atmung sich angleicht und sich auch die Körperhaltung verändert. Sprache in Bewegung und Gesang umzusetzen, ist anspruchsvoll, erzeugt aber mit der Zeit einen sicheren und klaren Umgang mit Musik und den Instrumenten. Das Bewusstsein für verschiedene Klangfarben, Tonstärken und Tonhöhen wird gefördert. Den Unterschied zwischen Musizieren (Aktivität) und Hören (Passivität) erleben die Kinder in den Gruppen immer abwechselnd. Darüber nimmt jedes Kind bewusster eigene und fremde Emotionen wahr, denn die Sinne werden ganzheitlich angesprochen. Die grob- und feinmotorische Entwicklung wird unterstützt.

---

1 Zitiert in: Gulden, Elke/Scheer, Bettina: *Singzwerge & Krabbelmäuse: Frühkindliche Entwicklung musikalisch fördern*, S. 4.
2 Kreusch-Jakob, Dorothée: *Kinder für Musik begeistern*, Knaur Verlag, S. 9.
3 Menuhin, Yehudi: *Kunst als Hoffnung für die Menschheit. Reden und Schriften*, S. 133.

Für mich ist Musik im Grenzgebiet zwischen
dem Faßbaren und dem Unfaßbaren,
zwischen Atem und Körper, zwischen
dem Physischen und dem Geistigen,
zwischen Intellekt und Intuition, und
dieses Grenzgebiet ist unser Lebensbereich.

(Yehudi Menuhin: *Worte wie Klang in der Stille*, S. 64)

2 Das Projekt

Da der Fröbel-Kindergarten „Weidenwichtel" erst vor knapp drei Jahren eröffnet wurde, gibt es sehr viele kleine Kinder. Vorschulkinder sind erst im Laufe des Jahres hinzugekommen. Somit kann ich tatsächlich an der Basis beginnen. Die Kinder sind vollkommen offen und unbelastet. Dies bedeutet allerdings auch einen erhöhten Aufwand bei der strukturellen und inhaltlichen Vorbereitung der musikalischen Einheiten. Mit der Unterstützung der Dr.-Ing.-Hans Joachim-Lenz-Stiftung kann die musikalische Frühförderung seit 15. Oktober 2016 regelmäßig stattfinden.

Vorbereitung und Planung

Die Einteilung der Kinder in fünf Gruppen wurde mit der Leiterin Jenny Kurth abgestimmt und nach einigen Durchläufen noch einmal angepasst. Nicht nur das Alter, auch das Wesen und der Entwicklungsstand der Mädchen und Jungen wurden in die Überlegungen einbezogen. Wir berücksichtigten beispielsweise auch Freundschaften unter den Kindern und ältere Geschwister nahmen in der Gruppe ihrer jüngeren Schwester oder ihrem jüngeren Bruder teil, um die anfängliche Unsicherheit im neuen Kindergarten aufzufangen.

Der Vormittag beginnt mit den Musikeinheiten für die unter Dreijährigen. Die Räume befinden sich im Erdgeschoss direkt neben den Tagesräumen für die Kleinsten. Sie müssen nicht über die Treppe in einen extra Raum gebracht werden, sondern können in das ihnen bekannte Spielzimmer nebenan krabbeln und sich dort auf den runden Teppich setzen. Ich hole die Gitarre und speziell die Instrumente dazu, die für die Jüngsten benutzt werden. Die anschließenden Gruppen mit den älteren Kindern werden im Turnraum im ersten Stock abgehalten. Hier gibt es Platz genug für Tanz- und Bewegungsspiele und es stört niemanden, wenn es mit den Großen auch einmal etwas lauter wird.

Nach etwa vier Wochen hat sich der Ablauf im Kindergarten bestens eingespielt. Die Erzieher unterstützen mich dankenswerterweise dabei, die Kinder für die Gruppen gemäß dem Plan aus den Spiel- und Themenräumen des großen Kindergartens zusammenzurufen.

Da der Kindergarten recht neu und noch im Wachstum begriffen ist, sind im Laufe des Jahres mehr und mehr Kinder dazugekommen, die dann, ihrem Alter entsprechend, in die bestehenden Gruppen integriert wurden. Zu Beginn, Mitte Oktober 2016, waren es knapp 70 Kinder zwischen vier Monaten und fünf Jahren; zum Ende des Förderjahres 80 Kinder bis sechs Jahre.

Erster Kontakt und weitere Zusammenarbeit
Der Kontakt mit dem Kindergarten kam dadurch zustande, dass Frau Kurth mich und damit die musikalische Frühförderung aus einem anderen Fröbel-Kindergarten, dem „Krähennest" in der Kölner Innenstadt, schon kannte. Als sie die Stelle der Leiterin bei der neu gebauten Einrichtung der „Weidenwichtel" übernahm, wollte sie auch die Musik in den Ablauf einbinden und kam auf mich zu. Nach einigen Gesprächen, der Vorstellung meiner Arbeit am Elternabend und einem kostenlosen Schnuppertag für alle Kinder, entschied sich der Kindergarten dafür. Doch konnten aus dem Topf der Fördermitgliedschaften keine ausreichenden Mittel bereitgestellt werden. Daher erzählte ich von meiner guten Erfahrung mit der Dr.-Ing.-Hans-Joachim-Lenz-Stiftung. So war und ist die Freude groß, dass der Antrag bewilligt wurde und man mit der musikalischen Frühförderung bei den Weidenwichteln schnell beginnen konnte.

Es konnten die wichtigsten Rhythmusinstrumente angeschafft werden, die besonders für die unter Dreijährigen wichtig sind. Die vorhandenen Instrumente wurden sortiert, repariert und in praktische Kisten verstaut und dafür ein Regal im Materialraum zur Verfügung gestellt. Die Eltern spendeten sogar eine Gitarre. Nach kurzer Zeit war alles Notwendige beisammen.

Es freut mich besonders, dass die Erzieher an der musikalischen Frühförderung interessiert sind und beim Wechsel der Gruppen helfen. Das war zu Beginn sehr hilfreich, da ich die Kinder noch nicht namentlich kannte. Kolleginnen und Kollegen schauen auch immer einmal in die Musikstunde hinein, um zu erleben, wie ich arbeite, was die Kinder über Musik erfahren, aber auch um Anregungen für die Arbeit im Kindergarten zu sammeln.

2.1 Wie Kinder Musik erleben

Dass gemeinsames Musizieren ein Prozess ist, der einen Bezug von den Kindern zu mir (und umgekehrt) herstellt – also auf natürliche Weise eine Beziehung schafft, konnte ich bei diesem Projekt besonders deutlich wahrnehmen.

Klang und Rhythmus sind das Herzstück jeder Musikstunde. Und die Kinder sind begeistert, dass regelmäßig musiziert wird.

zu Ferdinand

Der vierjährige Ferdinand (die Namen der Kinder wurden verändert) wollte von Beginn an immer neben mir sitzen, damit er besonders gut beobachten kann, wie die Gitarre gespielt wird. Kaum wird sie zum ersten Lied aus der Gitarrenhülle geholt, ist sie für ihn das Interessanteste während der ganzen Zeit. Er registriert genau, wann ich zupfe und wann ich das Plektrum benutze. Ferdinand wartet in der Schlussrunde darauf, dass er der Letzte ist, der der Gitarre „auf Wiedersehen" sagen darf. Am Ende einer Stunde darf jedes Kind mit einem Finger über die Saiten streichen und sich von der Gitarre verabschieden. Ich spiele dabei immer unterschiedliche Akkorde, so dass der Klang bei jedem Kind ein anderer ist. Ferdinand sitzt dabei geduldig neben mir, schaut und hört aufmerksam jedem Kind zu, wie es mal lauter, mal leiser die Gitarre anschlägt, bis er selbst an der Reihe ist. Er verlässt erst den Raum, wenn sein Lieblingsinstrument wieder in der Tasche verschwunden ist.

zu Lissi

Lissi hingegen zeigt ihre Freude über die Musikstunde anders. Sie hüpft herum und erinnert ihre Freundinnen, dass jetzt endlich wieder gesungen wird, und kommt, sobald sie mich im Flur entdeckt, mit Liedwünschen auf mich zu und fragt, wann sie endlich dran sei. Lissi ist fast fünf Jahre alt und besucht die vorletzte Gruppe gegen 12 Uhr kurz vor dem Mittagessen der großen Weidenwichtel. Sie muss sich also gedulden. Manchmal versucht sie, sich schon vorher in die Gruppe der Jüngeren zu schmuggeln. In Absprache mit den Erziehern lasse ich dies hin und wieder zu, da sie so viel Spaß daran hat und manche Lieder auch gerne zweimal singt.

zu Kim

Andere Kinder, wie zum Beispiel der kleine Kim (gerade erst vier Jahre alt geworden), brauchen mehr Zeit, sich mit dem Angebot anzufreunden. In den ersten Wochen wollte er gar nicht teilnehmen. Ganz bewusst werden die Kinder von mir und den Erziehern immer neu motiviert und in die Musikgruppen eingeladen, aber niemals zum Mitmachen gezwungen. Nach den ersten drei Malen stand Kim öfter an der Tür zur Turnhalle, wenn ich die Kinder aus den Gruppen verabschiedete, um die nächsten zu holen. Er spähte in den Raum hinein, um einen Blick auf die Instrumente zu erhaschen, die er zuvor wahrscheinlich nur erlauscht hatte. Immer wieder fragte ich ihn, ob er jetzt dabei sein wolle, jedoch ohne Erfolg. Bis zu dem Tag, an dem ich ihm direkt morgens, bevor die Einheiten starteten, den Klangfrosch in meiner Musiktasche zeigte, den ich extra für diesen Tag mitgebracht hatte. „Schau mal, Kim, mit dem Frosch mache ich heute Musik zusammen mit den anderen Kindern. Aber nicht verraten, okay?" Kim machte große Augen. „Der macht Musik?", fragte er ungläubig. „Klar, er kann quaken, fast wie ein echter Frosch", erklärte ich ihm und fügte hinzu: „Wenn du heute dabei sein möchtest, kannst Du es ja ausprobieren." Seitdem macht Kim immer mit. Zwar ist er weiterhin zurückhaltend, aber es ist ihm anzumerken, dass er zunehmend Freude entwickelt und sich besonders für die Verschiedenartigkeit der Rhythmusinstrumente interessiert. Es ist auffallend, dass er kein Lieblingsinstrument wie die allermeisten Kinder hat (Rassel oder Triangel), sondern wie ein kleiner Forscher immer zu anderen Instrumenten greift und sie untersucht und beständig neue Spielarten ausprobiert.

zu Ava Die kleine 11 Monate alte Ava hat sich seit ihrer ersten Musikstunde in die kleine hölzerne Rassel verliebt. Sie kann weder ihren Namen sagen, noch das Instrument benennen, doch ihr ganzer kleiner Körper freut sich, wenn die Kiste mit den Rasseln auftaucht. Sie gluckst und nimmt, sobald sie das Instrument in ihren kleinen Händen hält, viel leichter mit den anderen Kindern und mir Kontakt auf. Sie benutzt die Rassel, um zu zeigen, was sie da Tolles hat und wie kräftig sie schon schütteln kann. Nicht selten beginnt Ava damit, das neben ihr sitzende Kind sanft anzustupsen, um sich gegenseitig, begleitet von Kichern und Lachen, die Rasseln zu zeigen.

Musik stärkt aber auch den Bezug zu sich selbst. Ava beispielsweise erforscht die Rassel auch mit dem Mund (es handelt sich um eigens für die Kleinen hergestellte Rasseln, die in den Mund genommen werden können) und klopft mit dieser auf Knie, Bauch, Kopf und Boden. Dabei erfährt sie, dass die Rassel unterschiedlich klingt, ihr mal aus der Hand fällt oder sich auch unangenehm hart für ihren Kopf anfühlt, wenn sie in ihrer Begeisterung zu heftig wird. Mit dem Rassel-Lied unterstütze ich diesen natürlich entstehenden Forscherdrang und lenke die Aufmerksamkeit der Kinder zusätzlich auf laut-leise, schnell-langsam, hoch-tief etc.

zu Timo

Manche Kinder benötigen sehr viel mehr Zeit als Ava, um sich der Musik anzunähern. Einige fangen sogar an zu weinen, wenn ich mit der großen Gitarre und den Kisten mit den Instrumenten zur Tür hereinkomme. Der sechs Monate alte Timo zum Beispiel fand das lange gar nicht gut. Doch er lernt bald, dass ich im Nebenraum verschwinde und viele andere Krabbelkinder dort musizieren. Er lauscht vom Spielzimmer aus und sieht genau zu, wenn alle nach einer Weile fröhlich wieder herauskommen. Mit viel Geduld und ohne Druck wird er immer wieder eingeladen. Seine wichtigste Bezugsperson unter den Erzieherinnen nimmt ihn schließlich einmal mit in die Musikrunde. Nur fünf Minuten verfolgt er das Geschehen, bis er sich zur Tür hinwendet und weinend bedeutet, dass er wieder hinaus möchte. Beim nächsten Mal sind es dann zehn Minuten, in denen ich ganz bewusst die Gitarre nicht spiele, da gerade die Jüngsten alles sehr schnell als viel zu laut empfinden. Dies wirkt dann zu bedrohlich, da man die Ohren nicht verschließen kann wie Mund und Augen. Daher ist es nicht nur für Timo, sondern generell wichtig, dass die Kinder zu Beginn ganz selbstbestimmt die Lautstärke mit ihren Instrumenten lenken können. Nach weiteren acht Wochen nimmt Timo dann das erste Mal ohne die Erzieherin teil. Ganz behutsam und immer wieder mit dem Blick zur Tür lässt er sich in kleinen Schritten auf das Abenteuer ein. Er hat gelernt, dass er jederzeit ins Spielzimmer gehen kann, und dies hilft ihm, sich schließlich auch an die große Gitarre heranzuwagen. Sie liegt in der Mitte des Kreises und alle anderen Kinder haben bereits eine Seite angezupft. Nun ist er an der Reihe und zögert sichtlich. Doch dann siegt die Neugier und der kleine Finger stupst an die hohe e-Saite. Das zarte „Pling" zaubert ein strahlendes Lächeln auf sein sonst so skeptisches Gesicht.

So zeigt sich, wie unterschiedlich die Kinder auf das Medium Musik eingehen, ein jedes seinen eigenen Weg findet und seine selbstbestimmte Zeit benötigt, bis es schließlich mit Stimme, Bewegung, Händen und Ohren ganzheitlich dabei ist.

„Musik ist kein Objekt, Musik ist ein Ereignis",[1] sagte der Musikpädagoge Keith Swanwick. Er unterstreicht, wie wichtig es ist, die Musik nicht als etwas Statisches, von der Seele Isoliertes oder gar Gegenständliches zu vermitteln, sondern die Lebendigkeit darin spürbar werden zu lassen, die sich dynamisch mitteilt und somit auch etwas bewirkt. Musik will erlebt und erspürt werden.

2.2 Musik auf vielfältige Weise erleben

Da die Weidenwichtel-Kinder bislang – natürlich bis auf Singen und Tanzspiele im Morgenkreis und im Kindergartenalltag – keine intensive Erfahrung mit Musik hatten, beginne ich mit Grundlagen. Genau zu hören, mit Muße den Klängen nachzulauschen, ihre Verschiedenartigkeit zu bemerken und Töne schließlich selbst zu erzeugen, bilden den Anfang.

Musik tönt und braucht Raum, um klingen zu können. Dies die Kinder durch einfachste Instrumente und ihren eigenen Körper als „Resonanzraum" erleben und erkennen zu lassen, ist gerade für die unter Dreijährigen eine wichtige Erfahrung. Durch meine verschiedenen Angebote (Stimme, Klatschen, Patschen, Trommeln, Bewegung) wird zunehmend klar, worauf sie am meisten reagieren, und ich wiederum erkenne, welche musikalischen Elemente sich am besten eignen.

In den ersten drei Monaten verhielten sich die meisten Kinder sehr offen und neugierig. Die Instrumente waren zunächst das Spannendste. Bei den Kindern ab 4 Jahren stellte sich heraus, dass auch gemeinsames Singen geübt werden muss. Doch konnten sich die Kinder begeistern, wenn ein Lied Stück für Stück immer harmonischer erklang.

Da Musik nichts Sichtbares ist, sondern erlebt wird und besonders von Kindern, die noch nicht allzu sehr vom

Verstand gesteuert werden, unmittelbar aufgenommen wird, zeigen die Kinder sich offen für alles, was Klänge erlebbar macht. Tempo, Rhythmus, Melodie und Klangfarbe vereinen sich zu einem Gefühl oder einer Stimmung, werden aber erst in der Frühförderung einzeln thematisiert. So tritt zum Beispiel der Unterschied zwischen langsam und schnell erst dann in das Bewusstsein des Kindes, wenn das gleiche Lied unterschiedlich gespielt wird. Einmal als Schnecke und einmal als Gepard. Die Tonhöhe wird dann erst begrifflich eingeordnet und vom Kind gespürt, wenn wir hoch oben mit den Vögeln singen oder tief unten in der Bärenhöhle die gleiche Melodie brummen. Der direkte Vergleich ist hier der Schlüssel.

Das musikalische Wahrnehmen steht bei allen Kindern also noch ganz am Anfang, so dass ich mit sehr einfachen rhythmischen Spielen und ruhigen Singkreisen beginne. Die Kleinen lernen somit Stück für Stück das Zuhören und bilden die Koordination zwischen Klang erfassen und Klang erzeugen aus. Unter anderem wird dabei auch die sprachliche Entwicklung unterstützt.

Nachdem die Phase des Kennenlernens abgeschlossen ist, rücken die Instrumente und die neuen Lieder immer mehr in den Fokus. Bei den unter dreijährigen Kindern werden allerdings weiterhin einfachste musikalische Methoden eingesetzt, um ein stabiles Grundgefühl zu mir herzustellen und den Ablauf der Musikeinheit zu festigen. Hierbei ist das stete Wiederholen wichtig. Wenn die Melodien dann schließlich bekannt sind, erzeugen sie auch ein Gefühl von Sicherheit.

Manche Lieder begleite ich mit einer Handpuppe, die sofort von den Kleinen vermisst wird, wenn sie nicht direkt auftaucht. Zudem kommen immer wieder neue Kinder, die viel und schnell weinen, in diese Gruppen, so dass (wie im Beispiel mit Timo) immer Rücksicht auf die sensible und manchmal auch langwierige Phase der Eingewöhnung genommen werden muss. Die unter Dreijährigen haben über das Jahr die Rasseln, Handschellen (am Stab) und die Klanghölzer gründlich kennengelernt, sodass zunehmend Varianten bei den Liedern und den Spieltechniken eingebaut werden können. Zum Beispiel rege ich an, einmal mit ausgestecktem Arm die Glöckchen hoch in der Luft zu klingeln, einmal vor dem Bauch oder hinter dem Rücken etc. Bald kommt auch die Triangel dazu. Die Kinder freuen sich jedes Mal besonders auf den Einsatz der Instrumente bei der Begleitung von Liedern und sie entwickeln Vorlieben für bestimmte Instrumente.

Wenn neue etwa einjährige Kinder in der Gruppe eingewöhnt werden, nutze ich die Katze, die sehr schnell hilft, das Fremdeln und die ungewohnte Situation zu überwinden. Sie singt ein Lied mit den Kindern und begrüßt sie. Wenn die Kleinen nach dem Katzenlied die Handpuppe streicheln dürfen, kommen sie auch mit mir leichter in Kontakt. Außerdem finden sie sich in der darauffolgenden Woche besser in die Musikstunde ein, wenn die Katze wieder von allen zusammen mit „Miau-miau" gerufen wird.

Bei den unter Dreijährigen kommt die Triangel nun immer öfter zum Einsatz. Sie ist und bleibt deren Nummer eins unter den Instrumenten. Da Kinder auf helle Töne sehr sensibel reagieren, erfahren sie den metallischen Klang der Triangel als besonderes Erfolgserlebnis. Dies ist eine emotionale Mischung aus dem Erleben, sowohl einen Klang selbst zu erzeugen, als auch den Klang als Effekt des Tuns direkt zu hören. Die neuen Kinder hingegen brauchen in den ersten drei bis vier Musikeinheiten eher leise Töne. Daher lasse ich zum Beispiel die Begleitung mit der Gitarre ganz weg und arbeite nur mit Stimme und den Händen. Später kommen nach und nach Rasseln, Glöckchen und Klanghölzer dazu, bevor sich dann behutsam die große Gitarre vorstellt. Auch bei diesem sanften Vorgehen erschrecken sich manche Kinder vor dem Instrument und finden es unheimlich, da die Gitarre fast zweimal so groß ist wie sie selbst. Die älteren Kinder in den Gruppen der unter Dreijährigen hingegen haben die Gitarre schon liebgewonnen und zeigen begeistert, wie schön sie klingt, wenn man sie anzupft. Das ermutigt die Kleinen, sich mit dem Instrument anzufreunden.

Ordnung

Da die meisten Rhythmusinstrumente zu Beginn neu angeschafft und von mir entsprechend eingeführt wurden, haben alle Kinder gut verstanden, dass man sorgsam mit ihnen umgeht. Dadurch hat sich bei den Älteren mit der

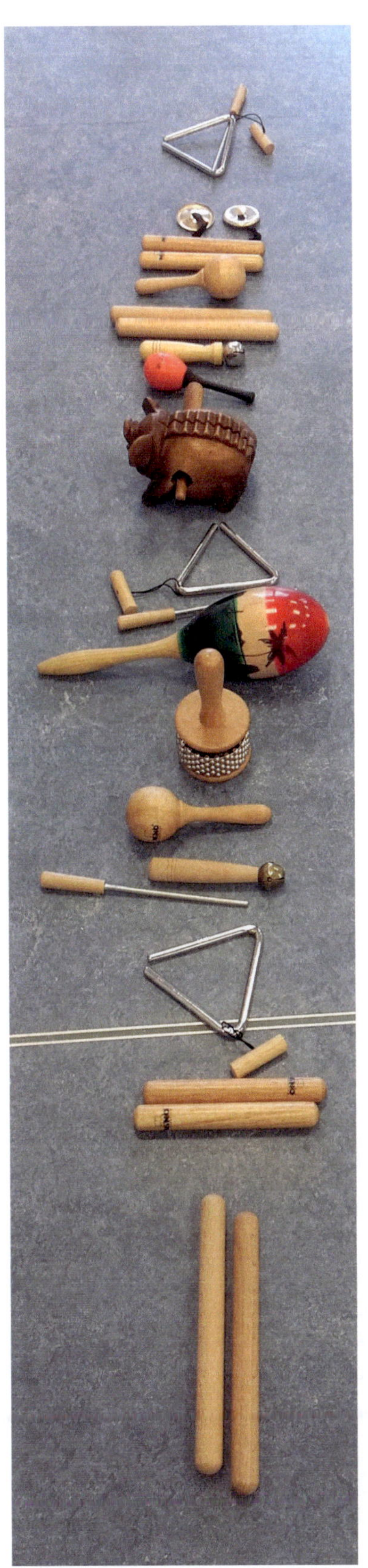

Zeit ein kleines Spiel etabliert: Sie legen ihre Instrumente in einer schönen Reihe oder in einem Muster (zum Beispiel einer Blume oder Sonne, im Zickzack, Quadrat oder einer Spirale) wieder zurück in die Mitte, bevor jedes Kind für das nächste Lied ein neues aussuchen darf. Kinder ordnen und sortieren gern und sie mögen es, selbst eine Ordnung herzustellen, was ich natürlich begrüße. Begleiten die Kinder mit ihren Instrumenten ein Lied, so haben sie das natürliche Bedürfnis, am Ende dieser aktiven Phase alles wieder an „seinen Platz" zu legen und innezuhalten, bevor eine neue Sequenz angestimmt wird. Auch Kinder, die zunächst unachtsam die Instrumente zurücklegen, folgen nach einer Weile diesem Impuls.

Die fünfjährige Marita, die sich fast schon etwas dominant aufspielt, springt manchmal auf, um die Instrumente nach ihrer Vorstellung „richtig" zu sortieren. Damit provoziert sie nicht selten andere Kinder, diese protestieren und eine Diskussion beginnt: „Ich will das aber anders machen!" – „Das ist sooo doof: Marita soll nicht immer bestimmen." – „Jetzt bin ich dran!" – „Nein, die Triangel so hier rüber." Mit der Regelung, dass jedes Kind der Reihe nach die Instrumente anordnen darf, kehrt direkt Ruhe ein. Ich bin außerdem dazu übergegangen, zu variieren und selbst kleine Aufgaben zum Sortieren vorzuschlagen.

Mal werden alle Rasseln zu den Rasseln gelegt und alle Klanghölzer zu den Klanghölzern, ein anderes Mal die Instrumente mit Metall (Schellen, Glöckchen, Triangeln etc.) auf die eine Seite und die aus Holz auf die andere usw. So ergeben sich immer neue Ideen. Dass Musik von sich aus eine Struktur in sich trägt, die sich in jedem Lied anders zeigt und dadurch auch eine unsichtbare innere Ordnung herstellen kann, die danach vom Kind geäußert werden möchte (zum Beispiel indem es Instrumente sortiert), konnte ich bei den Weidenwichteln besonders gut beobachten.

Begrüßung der neuen Kinder
Über den Sommer werden die älteren neuen Kinder (die zu sehr unregelmäßigen Zeitpunkten im Kindergarten starten) in den Gruppen willkommen geheißen. Hier nutze ich ein Namensliedspiel mit einem Ball und das

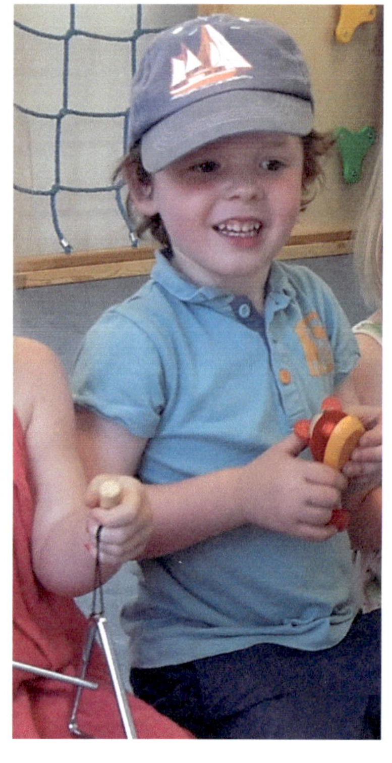

Lied „Auf dem Rhein da will ich fahren", bei dem sich das neue Kind, welches als Boot auf dem Rhein tanzt, ein Kind aussucht, das mit ihm fährt, bevor gewechselt wird. So finden sich auch diese Kinder rasch in die bestehenden Gruppen ein und sind oft ganz begeistert von den vielen Instrumenten. Dabei realisieren auch die Kinder, die schon länger dabei sind, noch einmal neu, dass die Musikstunde etwas Besonderes ist. Das ist ein schöner Nebeneffekt.

Was ist Musik?
Nach der Urlaubszeit fragte ich Fünfjährigen, ob sie erklären können, was Musik ist. Hier eine kleine Auswahl der Antworten:

„Das kommt aus dem Mund oder aus den Instrumenten raus. Aber nur, wenn man will. Sonst ist da nix."

„Musik mache ich mir auf CD an, wenn ich müde bin. Aber hier macht sie mich wach. Musik zum Mitmachen ist auch gut."

„Die mag ich, wenn sie ein Lied ist … mit Geschichte und Singen gleichzeitig."

„Meine Schwester in der Schule hat richtig Unterricht. Ich mache das dann auch später."

„Musik ist dann, wenn die Gitarre spielt, dann macht das besonders Spaß. Es ist schön laut und mit den Instrumenten dazu noch besser."

„Wenn die Ohren was zu tun kriegen, ist Musik da. Also schön meine ich – nicht so Autos oder Baggerlärm oder wenn man schreit. Musik ist schön."

„Wenn man tanzen will, dann ist Musik. Das machen die Künstler, die haben ganz lange geübt."

„Sie ist schön. Bei Papas CDs aber nicht so. Unsere Musik hier ist besser."

„Singen ist Musik. Und die Triangel, die klingt cool."

„Weiß nicht. Musik geht hier rein (zeigt auf die Ohren) und kommt dann da raus (zeigt auf den Mund)."

„Ich habe auch eine Gitarre zuhause. Eine kleine blaue, da mache ich Musik. Die Mama mag das nicht so."

---

1 Swanwick, Keith, International Society of Music Education (Vortrag), London, Juli 2000.

Nach meiner Meinung sollte die erste Begegnung eines Kindes mit Musik so sein, daß seine Fantasie, seine Gefühlswelt, seine Träume, vielleicht sogar sein Ehrgeiz geweckt und angespornt werden. Das Musikerlebnis sollte mit einer ganz starken Empfindung beginnen.

(Yehudi Menuhin: *Worte wie Klang in der Stille*, S. 63)

3 Die Musikstunden

Um die Kinder in ihren altersgemäßen Bedürfnissen abzuholen, sind unterschiedliche Arbeitsweisen in den Kleingruppen nötig. Die erste grundlegende Aufgabe bei den Weidenwichteln ist, die Kinder anzuleiten, der Musik aufmerksam zuzuhören. Durch das aufmerksame Zuhören entdecken sie Gefühle und Stimmungen wie traurig, lebhaft, heiter oder ruhig, die über die Musik transportiert werden. Auch Lautstärke, Tempi, Tonhöhen und Klangfarben lernen sie immer feiner und differenzierter wahrzunehmen. Dies beginnt in der einfachsten Form schon bei den Allerkleinsten in der ersten Gruppe.

Über das Jahr hinweg entwickeln die Kinder u. a. die Fähigkeit, Lieder für ihre jeweiligen Stimmungslagen zu finden und sie sammeln Erfahrungen mit angenehmen und weniger angenehmen akustischen Reizen. Die Kinder lernen, beim gemeinsamen Musizieren aufeinander zu hören. Die eigene musische Ausdrucksform und die der anderen Kinder sollen bewusst werden, ganz ohne ein bewertendes Eingreifen von richtig oder falsch. Denn mit der Freude am Tun, die in jedem Kind vorhanden ist, entwickeln sich die musikalischen Fähigkeiten. So werden die Grundlagen für eine musikalische Betätigung in späteren Jahren geschaffen. Einen Zugang zur Musik zu haben, und sei er noch so einfach, ist ein wertvoller Schatz. Denn, wie Franz von Assisi sagte: *„Schon ein ganz kleines Lied kann viel Dunkel erhellen.“* [1]

Folgende Themenbereiche werden in allen Altersbereichen über das Jahr hinweg behandelt:

- **Instrumentenkunde**
  Die Kinder lernen die Namen der unterschiedlichen Instrumente und deren Klang kennen. Über die Rhythmusinstrumente der Elementarpädagogik hinaus werden auch einige Instrumente, die in einem großen Orchester gespielt werden, betrachtet. Ebenso können die Kinder selbständig die Instrumente nach der beabsichtigten Klangwirkung auswählen. Sie lernen, die Instrumente zu spielen, und fördern dadurch ihre manuelle Geschicklichkeit.

- **Hören lernen**
  Anhand verschiedener leicht zugänglicher Lieder, die Geschichten erzählen und viele Strophen haben, werden die

Kinder darin geschult, aktiv zuzuhören, Geschichten zu visualisieren und diese kreativ umzusetzen. Sie lernen, ihnen bekannte Kinderlieder an der Melodie zu erkennen. Lärm und Stille bewusst zu erleben, gehört ebenso dazu wie Empfindungen beim Hören von Musik durch Bewegung oder durch Musizieren auszudrücken. Auch Melodien nachzusingen, die sie zuvor wiederholt gehört haben, ist ein Ziel.

- **Methodische Umsetzung in Rhythmik und Bewegung**
  Selbstverständlich wird die Vermittlung auch hier an das jeweilige Alter angepasst. Schwerpunkte sind rhythmische Abläufe in Sprache und Gesang, Instrumentalspiel und die Umsetzung in Bewegung und Rhythmik. Im Vordergrund steht jedoch die Freude an der Bewegung zur Musik. Die Kinder schwingen ihre Arme, ihre Beine, drehen sich nach links, nach rechts, wippen mit den Füßen. Und sie erlernen Grundmuster verschiedener Tänze. Indem sie immer wieder neue Melodien hören und sich dazu bewegen, lernen sie auch bestimmte rhythmische Grundschlagarten kennen, die sie durch Klatschen oder Trommeln umsetzen. Schließlich mündet dies in einen einfachen Kreistanz, der Rhythmik und Bewegung bestmöglich vereint.

3.1 Musizieren mit den bis Dreijährigen

Die Kennenlernphase mit den Jüngsten braucht viel Zeit. Bevor die ersten Rhythmusinstrumente eingeführt oder die Lieder mit Gitarre begleitet werden, stehen die Singstimme und Hände im Mittelpunkt. Es ist sehr wichtig, nicht zu laut zu beginnen. Schon wenn alle Krabbelkinder auf einmal klatschen oder auf den Teppichboden trommeln, erschrecken sich die Jüngsten der Gruppe oft. Wenn ein Kind aber die Töne selbst erzeugt, kann es oftmals nicht kräftig genug sein.

Es wird Wert darauf gelegt, dass der Aufbau jeder Musikeinheit gleich ist. Nach einem halben Jahr wissen die Kinder, wann die kleine Katze kommt und ihr Lied singt, um die Kinder willkommen zu heißen, und wann mit dem Körper (Füßen und Händen) im Sitzen musiziert wird, wann die Instrumente hervorgeholt und zur Liedbegleitung benutzt werden und wann die Kleinen aufstehen können, um zur Musik zu tanzen, zu krabbeln, zu hüpfen oder sich zu drehen. Alles wird umrahmt vom Begrüßungs- und Abschlusslied, welches nicht variiert wird – erst in den Gruppen der Kinder ab vier Jahren.

- **Instrumentenkunde**

Dieses Modul nimmt bei den unter dreijährigen Mädchen und Jungen den größten Raum ein. Rasseln sind allen Kindern aus dem Säuglingsalter bestens vertraut und stehen als Erste auf der Instrumentenliste. Es gibt sehr viele einfache Rassellieder. Da können die Kinder direkt und spontan mitmachen. Hier muss nichts erklärt oder gezeigt werden. Es bestehen keine Berührungsängste, sodass die erste Scheu schnell verfliegt.

Etwa nach einem Monat werden die Klanghölzer ausgepackt. Die Kinder umgreifen sofort die Hölzer ganz fest mit ihren Händchen. Dass jede Hand ein Klangholz bekommt, ist für die Kinder besonders imposant. Bei dieser Sequenz sind die Kinder immer sehr konzentriert bei der Sache. Sogar die Kleinen in der Eingewöhnungsphase, die schnell weinen, vergessen mit den Klanghölzern in den Händchen, dass die Mama weg ist. Sie drehen ihre Köpfchen nicht mehr zur Tür, stattdessen schauen sie fasziniert auf ihre Händchen. Nach den Liedern wollen sie die Klanghölzer gar nicht mehr hergeben und packen sie ganz kräftig an. Oft überlasse ich diesen Kindern die Klanghölzer bis zum Schluss der Musikrunde. Die Neugier auf ein anderes Instrument entwickelt sich von alleine.

Jetzt wird zum ersten Mal die Gitarre vorgestellt. Die Kinder wecken sie auf, denn sie schläft in der Tasche. Vorsichtig wird sie herausgeholt und zwar mit der Intension, dass alle sehr achtsam mit diesem besonderen Instrument umgehen sollen. Ich lege sie in die Mitte des Sitzkreises und lasse die einzelnen Saiten erklingen. Fast immer stellt sich eine andächtige Ruhe ein. Die Kinder staunen, da die meisten zum ersten Mal in ihrem Leben einem so großen Instrument begegnen. Die Gitarre wird von mir gedreht und hochgehoben, damit die Kinder sie von allen Seiten betrachten können. Das ist besonders für diejenigen wichtig, die ängstlich sind. Sie haben enormen „Respekt" vor der Gitarre. Sobald sie sehen, dass „dieses Ding" nichts tut, außer schöne Musik zu erzeugen, entspannen sich die meisten. Wer möchte, darf zum Abschluss die Gitarre sacht berühren. Ab diesem Tag ist sie immer dabei, wird in jeder Musikstunde aufgeweckt und begleitet die Lieder. Besonders schön ist es, wenn es sich eingespielt hat, dass alle Kinder nach dem Schlusslied und bevor sie den Raum verlassen, auch der Gitarre „Tschüss" sagen, indem sie mit einem Finger eine oder mehrere Saiten anschlagen.

Nach einem weiteren Monat kommen schließlich Glöckchen und Schellen zum Einsatz. Die hellen, metallischen Klänge tönen ganz anders als die tiefen, dumpfen Töne der Holzinstrumente. Mit ihnen läuten wir das Frühjahr ein.

- **Hören lernen**

Durch wiederholtes Vorsingen werden die Kleinen zum gemeinsamen Singen angeregt. Doch das braucht Zeit und entwickelt sich recht langsam. Die eigene Stimme zu entdecken und Freude daran zu finden, mit ihr zu spielen, auch wenn es am Anfang nur Brabbeln, Quietschen, Lachen oder Brummen ist, trainiert nicht nur das Hören, sondern die ganze Sprachentwicklung. Kinderöhrchen sind zudem empfindlich. Alle unbekannten Geräusche ziehen jegliche Aufmerksamkeit auf sich. Wenn bei der musikalischen Frühförderung das Instrument direkt mit dem Klang in Verbindung gebracht wird, erfolgt natürlicherweise im Kind der Impuls, es selbst auszuprobieren.

In der Anfangsphase ohne Instrumente, wenn die Kinder mit ihren Händen unterschiedliche Geräusche erzeugen, kann bereits der Unterschied von laut und leise, schnell und langsam eingebaut werden. Ein Fingertipp auf die Nase ist kaum hörbar, während ein Stampfen mit dem Fuß gewaltig ist. Der Vergleich mit Tieren bietet sich hier an, denn Kinder lieben es, Tiere nachzuahmen, und sie kennen viele Tierlaute. Eines der ersten Lieder ist zum Beispiel „Der Elefant ist dick und schwer – bumm, bumm, bumm, wir stampfen ganz genau wie er – bumm, bumm, bumm" (Detlev Jöcker). Die weiteren Strophen erzählen von Enten, Fischen, Hasen und sogar einer Schlange. Hier wird das Hören dadurch trainiert, dass die Kinder die unterschiedlichen Tiergeräusche selbst nach- und mitmachen und diese mit den typischen Bewegungen der Tiere verbinden. Im Frühjahr und Sommer lernen die Kinder das Lied von der Sonne kennen: „Danke, danke, liebe

Sonne, für die Wärme, für das Licht" (von Detlev Jöcker). Dieses wird nun mit Instrumenten begleitet. Am besten passen hier die besonders hellen Einhandglöckchen. Auch wenn die Kinder den Text nicht mitsingen, können sie zur Melodie klingeln, und oft stehen ein paar auf und fangen mit ihren Instrumenten an zu tanzen. Als besonders lustig empfinden es die Kleinen, wenn der Gesang und die Gitarrenbegleitung plötzlich anhalten und es auf einmal ganz still ist. Alle horchen auf und beginnen dann zu kichern. Schließlich geht das Lied weiter, als wäre nichts geschehen – bis zum nächsten überraschenden Stopp. Ist die Erwartungshaltung einmal geweckt, warten alle gespannt auf die nächste Pause. Man kann förmlich die gespitzten Öhrchen wachsen sehen und blickt in ganz wache, offene Augen.

- **Methodische Umsetzung in Rhythmik und Bewegung**

Rhythmik und Bewegung sind bei dieser Altersgruppe eng mit der Instrumentenkunde und dem Hören-Lernen verwoben. Wir lernen kleine Tänze, die nach etwa einem halben Jahr zunehmend in die musikalische Frühförderung einfließen. Wenn die meisten Kinder sich sicher und vertraut fühlen, kann der Radius erweitert werden. Sie lernen durch Fingerspiele, durch Tanzen und Bewegung spielerisch ihren Körper kennen. Unaufgefordert bewegen sich alle Kinder spontan zu musikalischen Reizen. Das beliebteste Lied der Kleinen ist das Musikmäuse-Lied „Piep, piep, piep, wir sind die Mukimäuse" (Birgit Gudde). Ich setze es in vereinfachter, abgewandelter Form um. Hierbei sind alle Kinder kleine Mäuschen und piepsen zur Melodie. Sie drehen sich, hüpfen, klatschen, stampfen, krabbeln und schlafen zum Ende ganz leise ein. Nach einer Weile machen die meisten Kinder sehr begeistert mit. Die Kleinen, die noch nicht stehen können, werden von einer Erzieherin oder von mir an den Händchen gehalten, so dass auch sie mittanzen können.

Das alte volkstümliche Lied „Auf der Donau woll'n wir fahren" eignet sich auch sehr gut. Das wandele ich natürlich ab und singe mit den Kölner Kindern „Auf dem Rhein woll'n wir fahren". Hierbei dreht sich oder tanzt immer abwechselnd ein Mädchen oder Junge in der Mitte:

„Auf dem Rhein da woll'n wir fahren
Wo ein Schifflein sich dreht.
Und das Schifflein heißt [Name des Kindes]
Und der/die [Name des Kindes] darf sich dreh'n."

Eine große Herausforderung für die Kleinen ist, alleine in der Mitte zu tanzen. Manche Kinder kostet es bis in das Vorschulalter große Überwindung, aufzustehen und sich in den Kreis zu stellen, bevor der Gesang ertönt. Manchmal wünschen sie sich, zu zweit zu tanzen, und nehmen sich dabei an den Händen. Dann machen auch die Schüchternen mit. Der Text wird entsprechend abgewandelt und beide Namen werden gesungen.

3.2 Musizieren mit den bis Vierjährigen

Bei diesen Gruppen sind wir mitten im klassischen Kindergartenalter angelangt. Diese Kinder fühlen sich im Kindergarten zuhause, sind aufgeweckt, sehr offen für Neues und begeisterungsfähig. Nach der kurzen Kennenlernphase und der Erläuterung des Ablaufes einer Musikeinheit kann es losgehen.

- **Instrumentenkunde**

Die Einführung von Klanghölzern, Glöckchen, Triangeln und Rasseln erfolgt recht kurz hintereinander mit nur zwei Wochen Abstand. Es ist nötig, immer wieder an den achtsamen Umgang mit den Instrumenten zu erinnern. Wenn die vier Basisinstrumente ausreichend bespielt sind, werden Stück für Stück neue Instrumente aus der musikalischen Frühförderung vorgestellt. Bis zum Ende des Förderjahres haben die Kinder Zimbeln, Guiros, Maracas, den Schellenkranz, die Trommel, Klappern, verschieden große Claves, eine Agogo-Bell und eine Cabasa kennengelernt und können mit diesen musizieren.

Besonders ins Herz geschlossen werden allerdings die Klangtiere, die zu besonderen Gelegenheiten mitgebracht werden. Die Geschichte mit dem Klangtier „Die kleine Grille" ist nachzulesen in *„Die offenen* Öhrchen. *Musikalische Frühförderung in Hürth"*.[2]

„Die kleine Grille" wird vorgestellt. Die meisten Kinder wissen nicht, was das für ein Tier ist, und verwechseln es mit einem Grashüpfer. Der vierjährige Petro berichtet stolz, dass er im Urlaub in Griechenland schon echte

Grillen gehört habe, und ist erstaunt, wie naturgetreu sich das aus Holz geschnitzte Tier anhört. Im folgenden Schritt lernen die Kinder reihum, wie man sie spielt. Die Jüngeren in dieser Altersgruppe benötigen dabei manchmal noch Hilfestellung, da das typische Zirpen nur erklingt, wenn man die Holzgrille etwas schräg hält. Beim Erzählen der Klanggeschichte kommen neben dem Klangtier auch andere Instrumente zum Einsatz, die verschiedene Tiere symbolisieren. Beim nächsten Mal werden diese wiederholt. Nun können die Kinder die unterschiedlichen Tiere mit den passenden Instrumenten selbst begleiten und die Rollen auch tauschen.

In der nächsten Musikeinheit erfinden die Kinder ihre eigene Klanggeschichte mit der kleinen Grille als Hauptfigur. Sie überlegen gemeinsam, welcher Tierlaut zu welchem Instrument am besten passen könnte. Durch die Zuordnung der Musikinstrumente zu den Tieren lernen die Kinder die Instrumente spielerisch kennen. Innerlich werden Klang, die kindliche Phantasie, die Instrumente und das reale Spiel verknüpft und im Wissensspeicher verankert.

Sylvie ist derart vernarrt in die kleine Grille, dass sie überredet werden muss, sie zum Ende der Musikrunde wieder in die Instrumentenkiste zurückzulegen. In ihrer Phantasie ist sie so lebendig geworden, dass sie sie nicht alleine lassen möchte. Es hilft, Sylvie zu erzählen, dass die anderen Instrumente ihre Freunde sind und sie bis zum nächsten Mal zusammen in der Kiste schlafen und spielen.

- **Hören lernen**

Mit den Namensspielen zu Beginn des Projektjahres und den ersten Liedern, in denen die Namen der Kinder gesungen werden, beginnt bereits das genaue Hinhören. Diese Lieder begleiten uns das ganze Jahr, da sie den Rahmen einer jeden musikalischen Einheit bilden. Die Kinder bemerken, wie verschieden ihre Namen klingen können. Ganz abgesehen von langen oder kurzen Namen, bringen sie auch einen ganz eigenen Singsang mit. Durch die starke Identifikation gewinnen die Kinder schnell viel Spaß daran, diese Lieder zu singen. Im Laufe der Monate gibt es Variationen mit Spitznamen oder auch Spielrunden, in denen die Kinder erzählen, wie ihre Haustiere heißen. Besonderes Gekicher tauchte auf, als die Namen der Eltern genannt wurden. Wie komisch, die heißen ja nicht einfach nur Mama oder Papa, sondern auch Petra und Stefan. Und die Mama von Elise heißt genauso wie die Mama von Kai. Na so was!

In einer Kindergruppe heißen gleich drei Mädchen Anne. Diese sagen bzw. singen auch ihre Nachnamen. Das animiert die anderen Kinder, dies ebenso zu tun, und es entsteht eine weitere Klangrunde mit den Nachnamen.

Auch die Unterschiede von laut und leise, langsam und schnell werden mit Liedern und Instrumenten immer wieder bewusst gemacht und umgesetzt. Es stellt eine besondere Herausforderung für die Kinder dar, bei „laut" nicht gleichzeitig schnell und bei „leise" nicht unbedingt auch langsam zu musizieren. Meist werden diese beiden Elemente von den Kindern automatisch verbunden. Erst mit der Zeit können sie differenzierter mit den Instrumenten spielen.

Das Zuhören wird u. a. auch beim Flummilied (Detlev Jöcker) gelernt. Die Kinder bewegen zunächst nur die Körperteile, die in den jeweiligen Strophen getrennt genannt werden. Beim Refrain aber können alle wie ein Flummi herumhüpfen und mit allen Körperteilen tanzen. Zu hören, ob in den Strophen nur mit den Füßen gewackelt, mit den Armen geschwungen oder mit der Hüfte gekreist werden soll, ist eine Herausforderung und gelingt zunächst nicht allen. Doch schon nach einigen Wiederholungen sind die Kinder mit der Reihenfolge sicher.

An Regentagen kommt das Regenlied „Oh weh" (Elke Gulden/Bettina Scheer) zum Einsatz. Sehr unterschiedliche Tiere werden nass und jedes Kind darf sein Lieblingstier darstellen, wie es im Rhythmus durch den Regen tappst, und dazu die entsprechenden Tierlaute singen. Wer genau hinhört, bemerkt, dass „piep" sowohl beim Vogel als auch bei der Maus oder „quack" von einer Ente als auch von einem Frosch ertönen kann. So machen die Kinder über das Jahr hinweg viele unterschiedliche Entdeckungen mit ihren Ohren.

- **Methodische Umsetzung in Rhythmik und Bewegung**

Große Freude bereitet es den Kindern, wenn die Bank in der Turnhalle zum Musikinstrument umfunktioniert wird. Sie knien sich auf den Boden und legen die Hände auf die Sitzfläche der Bank. Nun können sie auf verschiedene Art und Weise das lange Sitzbrett zum Klingen bringen: leise mit den Fingerspitzen wie ein Klavierspieler, laut und schnell mit den Fäusten, vorsichtig und leise mit der Nasenspitze oder mit den Ellenbogen. Die Banktrommel wird dieses Mal auch mit den Füßen gespielt und es werden unterschiedliche Rhythmen umgesetzt.

Immer ein anderes Kind ist der Dirigent und gibt den Rhythmus vor. Die übrigen Kinder ahmen möglichst genau den Dirigenten nach. Mit vollem Einsatz begleiten sie die Lieder mit der Banktrommel. Der ganze Körper ist dabei!

Besonders die Jungs mögen es, wenn die Bank zum Instrument wird. Hier können sie mal etwas wilder und lauter werden und lustige Versionen erfinden. Mit großem Gelächter wird sogar der Po benutzt. Da wackelt die ganze Bank. Mira spielt mit ihren langen Haarspitzen zur Musik, da können Kinder mit Kurzhaarschnitt leider nicht mitmachen. Besonders sachte kann man auch mit dem Kinn trommeln, da sind dann wieder alle beteiligt.

Ein bewährtes Lied, um Rhythmik zu vermitteln, ist das Schmetterlingslied „Wie ein bunter Schmetterling" (Detlev Jöcker), welches im Frühling und Sommer zum Einsatz kommt. Die sehr einfache Melodie ermöglicht den Kindern, sich ganz auf die Bewegungen zu konzentrieren und gleichzeitig auch die Instrumente (hier werden vor allem leise Einhandglöckchen oder kleine Rasseln benutzt) zu spielen. Jede der drei Strophen wird in einem anderen Tempo gesungen. Alle tanzen zum Schmetterlingslied – zunächst nur mit Instrumenten, dann einzeln, jeder für sich und dann in der ganzen Gruppe. Wenn schließlich auch der Gesang hinzukommt, vereinen sie Bewegung, Musizieren mit ihren Instrumenten, Stimme und die verschiedenen rhythmischen Abschnitte des Liedes. Durch viele Wiederholungen in jeder neuen Einheit gelingt dies allmählich immer besser. Meistens ist dieser Schmetterlingstanz das letzte Lied in der Musikrunde und die Kinder verabschieden sich mit diesem Erfolgserlebnis.

3.3 Musizieren mit den Kindern ab fünf Jahren

Die Gruppen der ältesten Kindergartenkinder sind die anspruchsvollsten, denn „die Großen" sind schnell gelangweilt. Sie wollen gefordert werden und verlangen mehr nach neuen Liedern oder spannenden Rhythmus- oder Tanzspielen als die jüngeren Kinder. Wobei auch diese Jungen und Mädchen auserkorene Lieblingslieder haben, die immer wieder gewünscht werden. Jedoch ist nach spätestens 15 bis 20 Minuten der Fokus in der Musikstunde auf Bewegung gesetzt, bis dann alle wieder in der Abschlussrunde zusammensitzen und mit Ruhe die Einheit gemeinsam beenden.

- **Instrumentenkunde**
  Viele Fünfjährige wissen schon, was ein Orchester ist. Die wenigsten jedoch wissen, was ein Konzert ist. Hier gibt es viel über die Aufgaben des Dirigenten und das Zusammenspiel zwischen Dirigent und Musiker zu erzählen: Welche Instrumente gibt es in einem Orchester. Wie klingen sie? Was macht der Dirigent? Was hält er in der Hand? Anhand des Liedes von Willy Geissler (1886–1952) „Die Geige, sie singet" werden Geige, Klarinette, Pauke, Trompete und das Horn kennengelernt. Vorgeführt wird, wie ein Instrument zu halten ist. Die Kinder haben viel Spaß dabei, das nachzumachen – wie bei einem richtigen Konzert! Vorlagen mit abgebildeten Instrumenten zum Ausmalen helfen dabei, die Instrumente auseinanderzuhalten.

  Die fünf Instrumente für das Kinder-Konzert werden in den folgenden Musikrunden wieder erinnert und die verschiedenen Melodien wiederholt. Nach anfänglicher Skepsis haben die Kinder sehr viel Spaß daran, jetzt „richtige" Musiker zu sein, wenn sie das Lied singen und die Instrumente pantomimisch spielen. Besonders die Trompete hat es allen angetan. Da die unterschiedlichen Strophen in ihrer Melodie und Geschwindigkeit sehr anschaulich die Eigenarten von Geige, Klarinette, Pauke, Trompete und Horn wiedergeben, können die Kinder sich die dazugehörigen typischen Bewegungen schnell merken. Schließlich bette ich das Lied in eine Geschichte ein, in der ein großes Konzert stattfindet. Vom nervösen Musiker, der sich schick anzieht, über das wartende Publikum, dem aufgeregten Blick durch den Vorhang, bis zum Auftritt des Dirigenten wird alles erzählt und mit passenden Handbewegungen untermalt. Dann kommt der eigentliche Auftritt mit Gesang und einer Wiederholung als Zugabe, abschließendem donnerndem Applaus und einer Verbeugung. Die Kinder tauchen mit der Zeit immer tiefer in das Geschehen des fiktiven Konzertes ein. Einmal entsteht eine kleine Diskussion: „Das Horn ist doof und langweilig, das spiele ich nicht." – „Ich auch nicht." – „Ich auch nicht, nur die Trompete." – „Ich aber bin die Geige!" – „Nein, ich will die Geige sein." So geht das eine Weile weiter bis allgemeine Unzufriedenheit herrscht.

Jetzt geht es darum, zu erklären, dass alle Instrumente mit ihrem individuellen Klang bei einem großen Orchester wichtig sind, auch das Horn, welches nur einen einzigen Ton spielt und damit die Basis für die melodischen anderen Instrumente bildet. Ohne den dunklen, langsamen Ton des Horns würde die Geige nicht so schön singen können oder der weiche Klang einer Klarinette nicht als so besonders vom Publikum wahrgenommen werden. Die Kinder verstehen, dass bei einem Orchester und gerade in diesem Lied alle Instrumente gleich wichtig sind und ihren eigenen Auftritt bekommen. Damit es sich für das Publikum schön anhört, braucht man jedes einzelne Instrument in seiner Einzigartigkeit. Das verstehen die Kinder. Beim nächsten Durchgang sind alle wieder ernsthaft bei der Sache. Die Idee eines Mädchens, ein Kind könne immer den Dirigenten spielen, wird aufgegriffen und abwechselnd als Rolle verteilt. Die Kinder erleben, wie schön es ist, wenn alle ihr Bestes geben und dadurch ein großes Ganzes entsteht. Die glücklichen und stolzen Kinderaugen nach der „Aufführung" bestätigen, wie wertvoll die gemeinsame Erfahrung ist, auch wenn sie „nur" pantomimisch und in der Phantasie nachgespielt wurde.

Nach Silvester kommt das Klangtier, ein Glücksschwein aus Holz, zu Besuch. Es kann (ähnlich wie bei der Grille oder dem Frosch) bei richtiger Handhabung zum Klingen gebracht werden. Dabei streicht das Kind mit

einem Holzstab über den gezackten Rücken des Schweinchens und darf ihm danach seinen Wunsch für das neue Jahr ins Ohr flüstern oder laut in der Runde sagen. Von da an wird das Schweinchen am Geburtstag eines Kindes oder zu anderen besonderen Gelegenheiten in die Musikeinheit integriert. Es bleibt aber ein besonderes Instrument, was nicht in die allgemeine Instrumentenkiste gehört. So sind die Erlebnisse mit dem Klangschwein Höhepunkte, bei denen die Kinder sich wertgeschätzt fühlen.

- **Hören lernen**
  In dieser Altersklasse ist differenzierteres, achtsames Hören und Genauigkeit gefordert. Hier erkennt man schnell, welche Kinder schon mehr und welche weniger mit Musik in Berührung gekommen sind. Diese Unterschiede lassen sich aber innerhalb des Jahres durch die Kombination von Singen und Aktivität balancieren.

Das Monatslied von Rolf Zuckowski „Januar, Februar, März, April, die Jahresuhr steht niemals still" eignet sich dafür in der Gruppe der älteren Kinder besonders gut. Sie reagieren begeistert auf die zum Text passenden komplexeren Rhythmen, die mit dem Einsatz von Armen, Beinen, Füßen und Händen ausgeführt werden, was die Jüngeren noch nicht beherrschen. Das Gefühl zu entwickeln, welcher Rhythmus bei welchem Textteil zu klatschen ist, ist anspruchsvoll.

Das Lied vom Hampelmann „Konradus Knipperdottel" (Detlev Jöcker) erfordert ebenfalls besondere Hör-Konzentration, da mit jeder neuen Strophe eine neue Bewegung hinzukommt und die Abfolge immer länger wird. Dieses Lied benutzt man dann am besten, wenn es im Musikkreis unruhiger wird und es an der Zeit ist, von den Bänken aufzustehen, sich in der Turnhalle in einen großen Kreis aufzustellen und den ganzen Körper zu bewegen. Gleich sind alle wieder wacher und aufmerksamer. Die Vorschulkinder erfinden sogar noch eigene Strophen, bis der Hampelmann zum Schluss mit viel Gelächter umfällt.

Auch das rhythmische Klatschlied „Obwisana-Sana" aus Afrika wird stehend im Kreis gesungen. Es ist ein traditionelles Rhythmusspiel aus Ghana, das zunächst recht einfach anmutet, aber schnell komplizierter wird, wenn man zum Beispiel zum Takt nicht mehr nur in die eigenen Hände klatscht, sondern auf die rechten und linken Hände des Nachbarkindes, nicht mehr sich selbst auf die Schultern oder Knie klopft, sondern auf die der Nebenstehenden. Wenn es allen gelingt, im gleichen Takt zu schwingen, hört sich das famos an. Nachdem wir es einige Male geübt haben, werden einige Varianten eingeführt und schließlich als Kreistanz umgesetzt.

Ein sehr willkommener Nebeneffekt des Liedes ist, dass es durch die körperliche Berührung und das schwungvolle Miteinander aller Kinder ein starkes Gemeinschaftsgefühl erzeugt. Jedes Mal, wenn „Obwisana-Sana" gesungen wird, trällern es die Kinder noch eine ganze Weile im Flur.

- **Methodische Umsetzung in Rhythmik und Bewegung**

Eine Balance zwischen Musik und Rhythmik auszuführen, mit- oder nachzumachen und Musik kreativ und selbstbestimmt zu erfinden oder als Bewegung bzw. kleine Geschichte umzusetzen, ist für die ältesten Weidenwichtel am spannendsten. Beispielsweise sind einige Winterlieder von den Kindern musikalisch weiterentwickelt und ausgeschmückt worden. Einige Lieder eignen sich hervorragend für pantomimische Bewegungen. So schlüpften die Kinder – von der Musik angeregt – in die Rollen von Schneeflocken, Schneemännern oder Schlittschuhläufern.

Die meisten Kinder lassen sich gerne in eine Rolle fallen und mögen es, auch einmal im Mittelpunkt zu stehen. Aber es gibt in jeder Gruppe mindestens zwei oder drei, die hier eine starke Zurückhaltung bis hin zur Abwehr zeigen. Sie mögen es nicht, allein etwas vorzumachen oder sich zu sehr zu zeigen. Vielleicht haben sie auch Angst, sich zu blamieren. Doch auch für die Schüchternen finden sich kleine Aufgaben, wie zum Beispiel die Triangel an einer bestimmten Stelle anzuschlagen, zum Refrain gleichmäßig zu trommeln oder mit ausgebreiteten Armen die Sonne zu symbolisieren. Nach einem halben Jahr werden auch diese Kinder beherzter und haben Lust auf eine kleine Rolle.

Niklas, ein sehr interessierter, aber sehr ruhiger Junge, der immer nur zuschauen will, ist ganz begeistert dabei, als er die Noten für die Gitarre halten konnte. Gerade aufgerichtet hält er sie fast zu dicht vor meine Nase. Elise gibt die Instrumente aus und räumt sie zusammen, will aber nicht beim Lied selbst mitmachen, nur hin und wieder etwas singen.

Doch wo, wenn nicht in der Musikrunde, sind alle Gefühlsfarben erlaubt? Musik vermag es, Traurigkeit, Wut oder einen Streit, der vielleicht gerade vor der Musikstunde stattgefunden hat, einfach wegzuspülen. Oft genügt es schon, wenn das Kind sich verstanden fühlt, wenn es bemerkt und immer wieder erlebt, dass man ihm zuhört, wenn es die Freiheit erhält, ehrlich mit sich zu bleiben und dies auch mitzuteilen. Damit bleibt der Weg offen für Angebote, die ausprobiert werden können, wenn die innere Bereitschaft dafür gewachsen ist. Nicht zuletzt deswegen ist die musikalische Frühförderung als eine Begleitung über die ganze Kindergartenzeit hin ausgelegt und sollte nicht nur ein Jahr dauern. Entwicklung benötigt Zeit und viel Pflege. Es ist immer wieder wunderbar, wenn ein Vorschulkind nach der Musikrunde spontan noch dableibt, um zu sagen, dass es prima war. Gerade die stilleren Kinder, die vermeintlich langsamer oder sogar trotzig erscheinen, nehmen doch mehr auf, als man meint.

Als übergreifendes Thema in allen Altersgruppen ist – für Kölner Kindergärten besonders wichtig – der Karneval. In diesem Jahr haben alle Fröbel-Einrichtungen die Möglichkeit, auf einem der Umzüge einen Wagen zu gestalten. Man entscheidet sich gemeinsam für das Karnevalsthema „Wald". Monate vorher beginnen die Vorbereitungen. Es wird viel gebastelt, um vielleicht als einer der schönsten Wagen sogar beim großen Zug mitfahren zu dürfen. Um das Thema auch musikalisch zu integrieren, bittet mich die Leiterin Jenny Kurth, Waldlieder in meine musikalischen Einheiten einzubauen.

Drei Lieder werden dafür gelernt: Die Jüngsten tanzen den Bärentanz. Es geht um einen Bären, der aus dem Wald kommt und einen Freund findet. Dieses volkstümliche Lied, ist in den meisten Kindergärten unter „Ich bin ein kleiner/dicker Tanzbär" bekannt. Ein Kind beginnt und tapst als Tanzbär in der Kreismitte umher. Mit beiden Händen deutet es dabei seinen dicken Bauch an. Wenn „Ich such mir einen Freund aus" gesungen wird, wählt es ein anderes Kind aus. Dieses kommt auch in die Kreismitte, beide reichen sich die Hände und tanzen von einem Bein auf das andere, hin- und herwankend miteinander. Danach laufen die beiden Bären mit „dicken Bäuchen" im Kreis umher, suchen sich jeder einen neuen Freund und tanzen mit ihm erneut von einem auf das andere Bein. So geht das Spiel immer weiter, bis alle Kinder im Kreis als Bären mittanzen.

Die Drei- und Vierjährigen singen und spielen das traditionelle Lied vom „pi-pa-putzigen Igel im Sti-Sta-Stachelkleid" (Hans Sandig, Annemarie Fischer). Diese kleine Geschichte animiert die Kinder zum Rollenspiel, lebt aber vor allem vom rhythmischen Teil des Refrains, der mal geklatscht, mal gestampft oder mal getrommelt wird.

Mit den Vorschulkindern wird das Räuberlied „Im Walde von Toulouse da haust ein Räuberpack"[3] geübt. Es ist besonders spannend für die Großen, aber auch sehr anspruchsvoll, da es einen Vorsänger (in diesem Falle ich) und antwortende Nachsänger (die Kinder) gibt. Es braucht lange, bis es einigermaßen gelingt, macht aber allen Kindern sehr viel Spaß, da sie sowohl die Räuber spielen, als auch einen Kaufmann, der überfallen wird, und die Polizei, die diesen rettet. Mit pantomimischen Bewegungen werden die Texte untermalt. Es ist eine große Herausforderung für die Kinder, genau zuzuhören, was vorgesungen wird, um es danach alleine zu wiederholen. Auch nach der Karnevalszeit wollen die Vorschulkinder das Räuberlied singen, denn sie spielen begeistert die unterschiedlichen Szenen.

3.4 Weihnachtsfest mit Eltern und Geschwistern

An einem Dezembertag im Jahre 2016 kommen über 60 Personen zum Weihnachtsfest in den Weidenwichtel-Kindergarten. Eltern, Geschwisterkinder und Großeltern bestaunen die geschmückten Räume. Es gibt Selbstgebasteltes, Waffeln und Kinderpunsch. Da die musikalische Frühförderung erst seit zwei Monaten in dieser Einrichtung stattfindet, ist das Fest eine gute Gelegenheit, um mit den Eltern ins Gespräch zu kommen.

In der Turnhalle finden sich alle zusammen, um miteinander adventliche und weihnachtliche Lieder zu singen. Zunächst wird die musikalische Frühförderung vorgestellt und auf die Unterstützung der Lenz-Stiftung hingewiesen, dann singen wir „Schneeflöckchen, Weißröckchen". Obwohl der Raum sehr voll ist, erzeugt das gemeinsame Musizieren sofort eine sehr schöne Atmosphäre. Damit auch die Erwachsenen mitsingen können, werden Liedblätter verteilt. Die Kinder sitzen in der Mitte und benutzen die neu angeschafften Instrumente. Sie sind stolz, ihren Eltern zu zeigen, was sie in den ersten Monaten schon mit den Instrumenten gelernt haben. Gleich beim ersten Lied tanzen und drehen sie sich als Schneeflocken. Beschwingt erleben alle, wie gut Musik tut und wie wichtig es ist, den Kindern diese Erfahrungen möglichst früh und oft zu ermöglichen, auch wenn nicht alles hundertprozentig klappt.

Nach der Veranstaltung bedankt sich eine Oma mit den Worten: „Wie schön, dass die Musik in diesem Kindergarten einen Platz hat. Ich habe mich so an meine Kinderzeit erinnert gefühlt. Da wurde in der adventlichen Zeit viel mehr gesungen und beieinander gesessen. So etwas verbindet. Das vermisst man ja heute oft." Ihr Enkelsohn hüpft dazu und holt aus einer der Instrumentenkisten seine knallrote Lieblingsrassel heraus. „Schau Oma, die ist toll: das ist die größte und lauteste Rassel!" Er wedelt mit ihr in der Luft herum. „Ich hoffe, das Christkind bringt mir genau die." Mit einem Augenzwinkern verabschiedet sich die Oma und lässt sich von ihrem Enkel zum Waffelstand ziehen.

---

1 www.aphorismen.de/zitat/698.
2 Quast, Marianne: *Die offenen Öhrchen. Musikalische Frühförderung in Hürth, S.24 ff.*
3 Das Lied geht auf eine eingedeutschte Fassung eines französischen Liedes zurück, die schon in den 50er Jahren in Liederbüchern der Katholischen Jugendbewegung zu finden war. Die deutsche Fassung von Ulrich Kabitz ist 1953 beim Fidula-Verlag erschienen. Mittlerweile gibt es auch ein Bilderbuch von Katrin Stangl darüber und es wird von vielen Musikpädagogen für kleine Aufführungen benutzt.

Und nur der ist groß, der die Stimme des Windes verwandelt in ein Lied und durch dessen Liebe dies Lied noch süßer wird.

(Khalil Gibran: *Worte wie die Morgenröte*, S. 130)

4 Die ordnende Wirkung von Musik

Musik ist nicht nur eine Kunst, in ihr vereinen sich auch Ordnung und Struktur. Welche Wirkung diese verborgenen Komponenten entfalten und welchen Einfluss sie auf die Kinder in der musikalischen Frühförderung ausüben, ist mir in der gemeinsamen Zeit mit den Weidenwichtel-Kindern besonders aufgefallen und soll zum Abschluss aufgegriffen werden.

Wirkung auf Wahrnehmung und Verstand
Musik ist klar und logisch aufgebaut. In der Schule lernen die Kinder viel darüber. Im Kindergarten hingegen erfassen sie den Aufbau von Liedern zunächst intuitiv, spielerisch und emotional.

Klangform, Rhythmus und Tonhöhe sind gewaltige Stimuli für das Gehirn. Man weiß heute, dass musizierende Kinder besser Fremdsprachen lernen. Im Allgemeinen können sich Musiker besser konzentrieren. Nicht nur beim Musizieren, sondern auch im Alltag zeigen sie eine gesteigerte Wahrnehmungsfähigkeit.

Bemerkt habe ich, dass die Kinder sich besonders entspannt und glücklich fühlten, wenn sie sich auf die vorgegebene Ordnung eines Liedes einlassen konnten und sich mit jedem Mal mehr zuhause fühlten. Sobald die ganze Kindergruppe mit einem Lied vertraut war, traten sie auch musikalisch in Kommunikation. *„Kinder, die zusammen gesungen haben, spielen besser zusammen als andere. Musik macht Kinder kooperativer“*[1], sagt auch der Neurologe und Musikwissenschaftler Eckart Altenmüller. Das sei gut belegt. Auch ihre emotionale Kompetenz steige. Aus Experimenten mit Grundschulkindern wisse man, dass musizierende Kinder ein besseres Wortgedächtnis haben. Ähnliches gilt für Erwachsene. Aber an Kindern kann man es besonders schön beobachten. [2]

Wirkung auf Sprache
Auch eine gut artikulierte, gereimte und rhythmisierte Sprache, die wiederum einer Struktur folgt und eine Regelmäßigkeit aufweist, kann als Musik bezeichnet werden. Allein durch das Wiederholen des Refrains oder der Wiederkehr von bestimmten Worten, können sich die kleinen Sänger im Lied orientieren. Tönen und Singen werden noch intensiver erfahrbar, wenn sie mit Bewe-

gung oder Berührung verbunden sind. Je jünger die Kleinen sind, desto stärker lernen sie über leibliche Eindrücke. Einfache Formen der Begleitung, wie beispielsweise bei den Strophen auf die Knie patschen und beim Refrain mit den Füßen stampfen, verstärken das Gefühl für den Rhythmus. Später gibt es vielerlei Varianten, zum Beispiel indem einige Kinder mit Holzinstrumenten die Strophen begleiten und die anderen mit metallischen den Refrain. Diese „Regeln" zur Liedbegleitung können immer neu aufgestellt und bei den älteren Kindern auch selbst erfunden werden. So wird dem Grundgerüst einer Melodie stets eine andere Färbung gegeben, die sich bei jeder Wiederholung anders anhört und anfühlt.

Wirkung auf soziales Verhalten

Auch das Ausprobieren von kontraproduktivem Verhalten gehört dazu. Manchmal wird ein Kind, das herausfordernd agiert, sofort von den übrigen Kindern zur „Ordnung" gerufen. Die Kleinen hören genau, wenn da etwas nicht stimmt und haben mich stets mit Adleraugen im Blick, wie meine Reaktion ausfällt, wenn sie etwas anders machen als vorgegeben. Dies erfordert viel Fingerspitzengefühl. Ideen der Kinder, wie eine andere Liedbegleitung oder neu erfundene Tanzformen, sind stets sehr willkommen und werden direkt aufgegriffen, wenn sie sich als umsetzbar erweisen. Mitunter müssen aber auch klare Grenzen gesetzt werden. In der musikalischen Früherziehung liegt ein Hauptfokus immer auf der ganzen Gruppe und darauf, ein Klima zu schaffen und zu bewahren, was die Offenheit für die Musik bei den Kindern nährt.

Wirkung von Rhythmik

Rhythmusgefühl ist den meisten Menschen angeboren, bereits sehr kleine Kinder wippen zur Musik. Schon Babys spüren in ihrem Körper die zwei lebenserhaltenden Rhythmen: den Herzschlag (schneller) und die Atemfrequenz (langsamer). Diese beiden Taktgeber sind so selbstverständlich, dass sie nicht mehr bewusst wahrgenommen werden. Tritt aber durch die Musik eine Stimulanz ein, erzeugt dies immer eine Erhöhung von Wachheit und Lebendigkeit. Bei Kindergartenkindern sind daher alle Lieder mit rhythmusbetonten Elementen sehr beliebt. Allerdings können erst Grundschulkinder einen Takt wirklich halten, da sie sich in diesem Alter entsprechend konzentrieren können.

Ein Hauptmerkmal des Rhythmus ist natürlich die Wiederholung. In der *„Wiederkehr des Ähnlichen"*, wie Immanuel Kant (1724–1804) den Rhythmus definierte, *„liegt das Geheimnis des Lebendigen verborgen."* [3] Doch Kinder erleben auch Grenzen: Manchmal will man schneller als die anderen trommeln oder einer der Schmetterlinge will sich noch länger drehen, während das Lied schon längst bei einem anderen Teil angekommen ist. Setze ich mich gegen die Vorgabe des Liedes durch und spiele mein Instrument laut statt leise? Ist das dann schön oder stört es vielleicht? Was passiert, wenn ich gar nicht mitmache und die Freude der anderen Kinder sehe, aber nicht selbst erlebe? Tanze ich, im wahrsten Sinne des Wortes, aus der Reihe oder entdecke ich, dass es Spaß macht, mit dem Lied mitzugehen, wenn ich mal die strahlende, hellklingende Sonne bin, mal ganz wild brause wie der Wind und mal leise piepsend schlafe wie eine kleine Maus? Im Rhythmus musizieren heißt, sich in einem geordneten Gefüge zu bewegen. Wenn dies klappt, gibt Rhythmus Halt, Vertrauen und Sicherheit. Und die Kinder freuen sich darüber.

Wirkung von Liedformen

Die Mädchen und Jungen lernen ganz nebenbei verschiedene strukturelle Formen in der Musik kennen: Bei Kinderliedern ist die klassische dreiteilige Liedform sehr oft anzutreffen, da sie nach einem ganz einfachen Muster aufgebaut ist. Es besteht aus nur zwei Teilen. Auch in der Volksmusik ist diese Liedform recht häufig. Nach der ersten musikalischen Idee schließt ein Zwischenteil an, dem nochmals der erste Teil folgt. Dies wird in den Liedern „Morgen kommt der Weihnachtsmann", „Alle Vögel sind schon da", „Summ, Summ, Summ, Bienlein summ herum" oder „Weißt du wie viel Sternlein stehen?" gut deutlich. Die Kinder lernen so schneller die Texte und meistens fällt die Wiederholung des ersten Teiles besonders inbrünstig aus, da das Wiedererkennen der gleichen Tonfolge zum Mitsingen anregt. Die dreiteilige Liedform eignet sich besonders für die jüngsten Kinder.

Sehr verbreitet ist auch der Kanon. Diese Vielstimmigkeit (Polyphonie) entsteht dadurch, dass alle Stimmen nacheinander die gleiche Melodie anstimmen. Doch ist diese Liedform für den Großteil der Kinder noch zu schwierig.

Beliebt sind die Singkanons trotzdem, auch wenn sie nur einstimmig ertönen. Beliebt sind beispielsweise „Der Hahn ist tot", „Lachend, lachend kommt der Sommer" oder „Hejo, spann den Wagen an!"

Das Refrainlied ist die bekannteste und gängigste Liedform. Ihre Struktur besteht aus zwei verschiedenen Teilen, nämlich Strophen, die sich im Text unterscheiden und oftmals eine Geschichte erzählen, und dem Refrain, der immer den gleichen Wortlaut hat. Der Refrain wird immer nach (oder vor) jeder Strophe gesungen. Auch bei den Weidenwichtel-Kindern ist das Lied „Die Affen rasen durch den Wald" ein Klassiker, der nie fehlt, wenn es ein Wunschkonzert gibt. Refrainlieder wende ich am meisten bei den über Fünfjährigen an, da das im Lied enthaltene Märchen oder Abenteuer durch die Musik untermalt wird und die Kinder so besser in ihre Phantasiewelt mitnimmt.

Wirkung von Pausen

Neben dem bewegten rhythmischen Musizieren erleben die Kinder außerdem, dass auch leise Töne oder gar die Stille zur Struktur der Musik gehören. Sie verstehen, dass Pausen nicht bloße Unterbrechungen des musikalischen Stromes sind, sondern auch spannend und bereichernd sind. An manchen Tagen wünschen sich die Kinder sogar ruhigere Sequenzen. Wenn sie zum Beispiel nach dem herbstlichen Blättertanz auf dem Boden liegen und als Blätter vom Schnee zugedeckt werden, genießen viele den Moment, in dem es ganz still wird. Nicht selten höre ich dann von einem der Kinder: „Oooh, bin ich müüüde." „Ich möchte am liebsten immer hier liegenbleiben." „Jaaaaaaa!", schließen sich andere im Chor an. Oft spüren die Kinder erst jetzt in der kurzen Zeit der Ruhe, wie viel sie heute schon herumgesprungen, gebastelt, gespielt und gerade in der musikalischen Frühförderung gesungen haben und so taucht eine angenehme Schwere in ihrem Körper auf.

Da ich bevorzugt gerne das aufnehme, was von den Kindern kommt, und dies möglichst sofort in die Einheit integriere, bietet sich in solch einer Situation eine Entspannungsphase an. Nicht jedes Kind hält es aus, mit geschlossenen Augen liegen zu bleiben, manche kichern und zupfen am Ärmel ihres Nachbarn. Dann singe oder summe ich eine ruhige Melodie. Oder ich wähle ein einzelnes Instrument aus und gehe damit im Raum umher, während die Kinder nur diesem einen Ton mit geschlossenen Augen folgen und dann in die Richtung zeigen, aus dem der letzte Klang kam. Oft wird der Wunsch nach einem Schlaflied geäußert, was viele Kinder mit dem allabendlichen Ins-Bett-Gehen verbinden. Auch andere stillere Teile sollten innerhalb einer musikalischen Runde nicht fehlen, nicht nur als Kontrast, sondern auch zur Unterstützung der Aufnahmefähigkeit und dem Einüben von vertrauensvollem Fallenlassen in die melodische Struktur eines Liedes.

„Wer einen Zugang zur Musik hat, der hat ein Mittel, sein Leben zu bereichern", sagt die Musikwissenschaftlerin Gabriele Nellessen. „Mit Musik könne man nahezu alle Inhalte an Kinder transportieren, Beziehungen stiften, Empathie vermitteln, denn Kinder sind innerlich immer beteiligt." [4]

So erlebe ich in jeder Musikrunde bei jedem Kind dieses sanft ordnende Prinzip und den Effekt, dass es etwas ausgeglichener wird. Ganz unspektakulär äußert sich dies in kleinen Veränderungen: Wenn zum Beispiel ein Kind, das immer zuerst drankommen möchte und ganz besonders gut sein will, mit der Zeit sich selbst und ihren Nachbarn weniger Stress macht und etwas durchatmet. Oder wenn ein Junge, der nur mit seinem allerbesten Freund zusammen musizieren kann und immer das gleiche Instrument wie dieser spielen will, auch einmal unabhängiger wird und sich sogar von selbst für eine kleine Rolle innerhalb eines Liedes meldet. Es sind also keine großen und lauten Erlebnisse, sondern eher die Stimmung, die nach einem Lied zurückbleibt oder der Moment, wenn die letzte Triangel ausgeklungen ist und alle dem Ton nachlauschen oder fröhlich lachen, weil es so lustig war.

---

1 Altenmüller, Eckhart: *Apollos Gabe: Musikwirkung auf Denken, Fühlen und Emotionen* (Vortrag), März 2016.
2 Vgl. ebd.
3 Zitiert in: Weidenfeld, Ingrid: *Musikalische Früherziehung beginnt an der Wiege*. In: *erziehungskunst – Waldorfpädagogik heute*, Juli 2010.
4 Zitiert in: Hollersen, Wiebke/Pleiss, Paula L.: *Dr. Mozart*. In: *Die Welt*, Wissen, 27. März 2016.

5 Abschluss und Ausblick

Viele neue Kinder wurden im Laufe des Kindergartenjahres angemeldet. Somit war die Eingewöhnung ein stetiger Prozess, der sich natürlich auch in der musikalischen Frühförderung bemerkbar machte. Noch immer sind besonders viele unter Dreijährige und weniger Vorschulkinder in der Einrichtung. Dies wird sich aber im Laufe der kommenden zwei Jahre einpendeln.

Im vergangenen Jahr wurde der Grundstein für die musikalische Frühförderung gelegt. Auf diesem Fundament und der Vertrautheit, die zwischen den Kindern und mir im Laufe des Jahres gewachsen ist, kann nun aufgebaut werden. So könnten die über vier Jahre alten Kinder an klassische Musik herangeführt werden und um den Entdeckergeist der Jüngeren anzuregen, sollten weitere Instrumente angeschafft werden.

Daher empfinden es die Leiterin Jenny Kurth, alle Erzieher, die Eltern und nicht zuletzt die Kinder und ich, als ein großes Glück, dass nun ab November 2017 weitere Fördermittel für ein ganzes Jahr seitens der Dr.-Ing.-Hans-Joachim-Lenz-Stiftung bewilligt wurden.

Dafür sehr herzlichen Dank! Wir freuen uns schon jetzt auf viele neue kreative musische Stunden für die Kinder!

Literatur- und Quellenverzeichnis

Altenmüller, Eckhart: *Apollos Gabe: Musikwirkung auf Denken, Fühlen und Emotionen,* Vortrag, International Brain Awareness Week, Berlin School of Mind and Brain, 15. März 2016.

Berendt, Joachim-Ernst: *Nada Brahma. Die Welt ist Klang,* hrsg. von Bernd Jost, rororo transformation, Reinbek bei Hamburg 1996.

Gibran, Khalil: *Worte wie die Morgenröte*, 2. Auflage, ausgewählt und eingeleitet von Rose Marie Krizanits, Herder, Freiburg im Breisgau 1988/1999.

Gulden, Elke/Scheer, Bettina: *Singzwerge & Krabbelmäuse: Frühkindliche Entwicklung musikalisch fördern,* Bd. 1, Ökotopia Verlag, Münster o. J.

Hollersen, Wiebke/Pleiss, Paula: *Dr. Mozart,* in: Die Welt, Wissen, 27. März 2016.

Kreusch-Jacob, Dorothée: *Kinder für Musik begeistern,* Knaur Verlag, München 2009.

Menuhin, Yehudi: *Kunst als Hoffnung für die Menschheit. Reden und Schriften,* Atlantis Musikbuch, Zürich 1997.

Menuhin, Yehudi: *Worte wie Klang in der Stille,* 3. Auflage, hrsg. und eingeleitet von Harald Schützeichel, Herder, Freiburg im Breisgau 1997.

Quast, Marianne: *Die offenen* Öhrchen*, Musikalische Frühförderung in Hürth,* Mainz 2016.

Swanwick, Keith, International Society of Music Education (Vortrag), London, Juli 2000.

Weidenfeld, Ingrid: *Musikalische Früherziehung beginnt an der Wiege,* in: *Erziehungskunst – Waldorfpädagogik heute,* Juli 2010.

www.aphorismen.de/zitat/698

Biographisches

Marianne Quast,
geboren am 28. Oktober 1971 in Heidelberg.

Ausbildung

1992	Ausbildung zur Sozialpädagogin, katholische Fachschule für Jugend- und Heimerziehung, Heidelberg
2008–2009	Zusatzqualifikation in musikalischer Frühförderung (speziell für Kindergartenkinder) und Lizenz zur Mukifo-Leiterin bei MUKIFO/Hamburg

Freiberufliche Tätigkeiten

1992–2001	Bezirksjugendwerk in Heidelberg für kreative Kinderaktionen
seit 1992	Lehrerin für Rhythmusgitarre
1998–2004	Leitung von Familienkursen im Institut für Personale Pädagogik (Tromm, Odenwald)
seit 2000	Kinderbuchillustratorin und Autorin
seit 2009	Lehrerin für Elementarpädagogik im Bereich Musikalische Frühförderung, derzeit selbstständig tätig in acht Kindergärten im Großraum Köln mit Einarbeitung von zwei Musikpädagoginnen.

Publikationen

Die offenen Öhrchen – Musikalische Frühförderung in Bedburg, gefördert von der Lenz-Stiftung, Mainz 2016.

Die offenen Öhrchen – Musikalische Frühförderung in Hürth, gefördert von der Lenz-Stiftung, Mainz 2016.

Fanti Fantus – Bilderbuch mit Lied, Spiel und Ausmalbildern, Windsor-Verlag, Hamburg 2013.

Kwars vom Mars – Das Kinderbuch für große und kleine Leser von 5 – 9 Jahren, Papierfresserchens MTM-Verlag, Lindau 2010.

EINE STIFTUNG zur Erneuerung geistiger Werte

Die Dr.-Ing.-Hans-Joachim-Lenz-Stiftung wurde 2002 als rechtsfähige öffentliche Stiftung des bürgerlichen Rechts mit Sitz in Mainz gegründet. Sie verfolgt ausschließlich und unmittelbar gemeinnützige Zwecke.

Im Wege der finanziellen Unterstützung fördert sie innovative und modellhafte Projekte auf den Gebieten der Bildung und Erziehung mit dem Ziel der Erneuerung geistiger Werte. Als Impulsgeber und Motor für dauerhafte und nachhaltige Konzepte konzentriert sie sich auf die junge Generation. Jugendliche für das Leben zu befähigen, an Werte des Geistes, an Würde, Freiheit und Toleranz zu erinnern, ist ihre höchste Aufgabe. Sie will Menschen begleiten vom Kindesalter bis zur Berufsreife, ohne soziale, politische, religiöse Unterscheidung im Sinne des Grundgesetzes. Die Themen der Stiftung sind:

Bildung

Hebung des kulturellen Niveaus
Erweiterung des allgemeinen Wissens
Zusammenführung von Geistes- und Naturwissenschaften
Persönlichkeitsentfaltung
Erneuerung eines humanistischen Menschenbildes

Erziehung

Entwicklung und Erprobung neuer Lehr- und Lernmethoden durch

- Spielendes Lernen
- Lernen durch Vorbild
- Wissenserwerb statt Wissensvermittlung

Sprache

Erhaltung und Stärkung der deutschen Sprache
Erweiterung und Pflege des Wortschatzes
Sprachliche Ausdrucksformen in Literatur und Poesie
Persönlichkeitsentfaltung durch Sprache, denn:

Mit unserer Sprache sind wir ein Leben lang unterwegs.

Die Förderung von Projekten im Sinne der Stiftungsziele wird aus Spendenmitteln finanziert. Die Akzeptanz der Stiftungsziele und des Förderprogramms drücken Spender mit ihren finanziellen Beiträgen aus. Wir freuen uns über jede Zuwendung:

Mainzer Volksbank IBAN DE29 5519 0000 0004 0040 40, BIC MVBMDE55

Dr.-Ing.-Hans-Joachim-Lenz-Stiftung
Stiftung zur Erneuerung geistiger Werte

Am Michelsberg 1, D-55131 Mainz, Tel. 06131-832255, Fax 06131-85534
E-Mail: info@lenz-stiftung-mainz.de, www.lenz-stiftung-mainz.de

ERNEUERUNG GEISTIGER WERTE

Dr.-Ing.-Hans-Joachim-Lenz-Stiftung

In der Edition werden Forschungsergebnisse und Modellprojekte aus dem Förderprogramm der Dr.-Ing.-Hans-Joachim-Lenz-Stiftung im Sinne der Nachhaltigkeit und Gemeinnützigkeit publiziert.

Band 1 - Die heilige Stadt
Eine Vision am Beispiel der Stadt Mainz
von Hans-Joachim Lenz,
56 Seiten, broschiert, € 8,80
ISBN 978-3-938088-00-5

Band 2 - Am Anfang waren die Werte
Plädoyer für eine Neuorientierung in der Erziehung von Kindern und Jugendlichen
von Gabriela Wolf
132 Seiten, broschiert, € 13,80
ISBN 978-3-938088-01-2

Band 3 - Leben ist Spiel
Eine Ferienwoche als Lebensschule
von Gabriela Wolf mit Christine Bredenhöller, Andrea Heck, Angelika Humann, Margit Kluge, Reinhild Michel, Sonja Wagener, Heidi Wiehr, reich bebildert.
192 Seiten, broschiert, € 25,00
ISBN 978-3-938088-02-9

Band 13 - De Dignitate Hominis
Zum Menschenbild in der Geschichte der Pädagogik
von Gabriela Wolf
160 Seiten, broschiert, € 13,80
ISBN 978-3-938088-09-8

Band 14 - Handeln als gelebter Wert
Aus Hannah Arendts Leben und Werk
von Patricia Rehm
146 Seiten, broschiert, € 12,80
ISBN 978-3-938088-15-9

Band 15 - KulturForumWissen 2007
„Wir sind auf dem Weg."
Ein Menschenbild zwischen Geist und Materie
von Hans-Joachim Lenz
52 Seiten, broschiert, € 5,80
ISBN 978-3-938088-16-6

Band 18 - Das Tagebuch
Ein Medium zur Selbstreflexion
von Sabine Gruber
122 Seiten, broschiert, € 10,80
ISBN 978-3-938088-19-7

Band 19 - Leben ist Spiel II
Eine Ferienwoche als Lebensschule in Overath
von Petra Ehrler u. a., reich bebildert
158 Seiten, broschiert, € 14,90
ISBN 978-3-938088-21-0

Band 20 - KulturForumWissen 2008
Vergessene Werte – Von den Wurzeln der Kultur
239 Seiten, broschiert, € 22,90
ISBN 978-3-938088-22-7

Band 21 - KulturForumWissen 2009
Liebe – das All-Eine
173 Seiten, broschiert, € 16,80
ISBN 978-3-938088-24-1

Band 22 - Das vergessene Wort IV
Vom Reichtum der deutschen Sprache am Elisabeth-Gymnasium, Marburg, und an der Freien Waldorfschule, Marburg
von Katrin Bibiella mit Angelika Humann
127 Seiten, broschiert, € 11,80
ISBN 978-3-938088-25-8

Band 23 - Das Hohelied vom Menschen
Eugen Finks Deutung der menschlichen Existenz
von Angelika Humann
85 Seiten, broschiert, € 8,80
ISBN 978-3-938088-26-5

Band 24 - KulturForumWissen 2010
Menschen, die die Welt bewegten
167 Seiten, broschiert, € 16,80
ISBN 978-3-938088-27-2

Band 25 - Musikalischer Spielraum
Frühbildung mit Wort, Klang und Bewegung
von Melanie Ries und Petra Ehrler
76 Seiten, broschiert, € 12,90
ISBN 978-3-938088-28-9

Band 26 - KulturForumWissen 2011
Menschen, die die Welt bewegten
181 Seiten, broschiert, € 18,80
ISBN 978-3-938088-29-6

Band 27 - Das vergessene Wort V
Vom Reichtum der deutschen Sprache am Kaiserin-Friedrich-Gymnasium, Bad Homburg
von Katrin Bibiella mit Angelika Humann
142 Seiten, broschiert, € 14,90
ISBN 978-3-938088-30-2

Band 28 - Des Wortes sanfte Macht
Salongespräche
von Ariane Martin
122 Seiten, broschiert, € 13,80
ISBN 978-3-938088-31-9

Band 29 - Das vergessene Wort VI
Vom Reichtum der deutschen Sprache
am Pädagogium Bad Sachsa
von Katrin Bibiella
98 Seiten, broschiert, € 11,90
ISBN 978-3-938088-32-6

Band 30 - Das vergessene Wort VII
Vom Reichtum der deutschen Sprache
am Ratsgymnasium Minden
von Angelika Humann
105 Seiten, broschiert, € 10,90
ISBN 978-3-938088-33-3

Band 31 - KulturForumWissen 2012
Soziale Modelle – Poesie des Lebens?
187 Seiten, broschiert, € 19,90
ISBN 978-3-938088-34-0

Band 32 - Briefe – Zeugnisse deutscher Sprachkultur
Von den Anfängen bis zur Gegenwart
von Katrin Bibiella
171 Seiten, broschiert, € 19,90
ISBN 978-3-938088-35-7

Band 33 - KulturForumWissen 2013
Menschen, die den Weg ins Ungewisse wagten
180 Seiten, broschiert, € 21,90
ISBN-13 978-3-938088-36-4

Band 34 - Mutter oder Göttin
Frühzeitliche Kultur im Osten Europas
von Jaqueline Mischer
175 Seiten, broschiert, € 17,90,
ISBN 978-3-938088-37-1

Band 35 - Das vergessene Wort in Heilbronn
Vom Reichtum der deutschen Sprache
am Robert-Mayer-Gymnasium Heilbronn
von Angelika Humann
115 Seiten, broschiert, € 12,90
ISBN 978-3-938088-38-8

Band 36 - Der Gral bei Wolfram von Eschenbach und Richard Wagner
Metamorphosen eines Motivs
von Liliana Emilia Dumitriu
244 Seiten, broschiert € 22,80
ISBN 978-3-938088-39-5

Band 37 - Das vergessene Wort in Würzburg
Vom Reichtum der deutschen Sprache
von Angelika Humann
112 Seiten, broschiert € 12,90
ISBN 978-3-938088-40-1

Band 38 - KulturForumWissen 2014
Die großen Komödianten
176 Seiten, broschiert € 18,90
ISBN 978-3-938088-41-8

Band 39 - Das vergessene Wort in Hanau
Vom Reichtum der deutschen Sprache
von Angelika Humann
108 Seiten, broschiert, € 10,90
ISBN 978-3-938088-42-5

Band 40 - KulturForumWissen 2015
Menschen, die die Welt beherrschen wollten
– eine kritische Betrachtung
156 Seiten, broschiert € 18,90
ISBN 978-3-938088-43-2

Band 41 - Das vergessene Wort in Heilbronn II
Vom Reichtum der deutschen Sprache
von Angelika Humann
100 Seiten, broschiert, € 11,90
ISBN 978-3-938088-44-9

Band 42 - Das wache Auge
leben ist wahrnehmen
von Sonja Schmitz
56 Seiten, broschiert, € 11,50
ISBN 978-3-938088-45-6

Band 43 - Die offenen Öhrchen
Musikalische Frühförderung in Hürth
von Marianne Quast
42 Seiten, broschiert, € 8,90
ISBN 978-3-938088-46-3

Band 44 - Das vergessene Wort in Buchen
Vom Reichtum der deutschen Sprache
von Angelika Humann
86 Seiten, broschiert, € 9,90
ISBN 978-3-938088-47-0

Band 45 - Die offenen Öhrchen – Musikalische Frühförderung in Bedburg
von Marianne Quast
36 Seiten, broschiert, € 8,90
ISBN 978-3-938088-48-7

Band 46 - Weltsicht im Osten Europas
von Jacqueline Mischer
140 Seiten, broschiert, € 19,90
ISBN 978-3-938088-49-4

Band 47 - Das wache Auge – Waldkindergarten „Zauberwald" in Idstein
von Sonja Schmitz
41 Seiten, broschiert, € 9,90
ISBN 978-3-938088-50-0

Band 48 - Tugend ... und noch viel mehr
von Montessori Ammersee e. V.
55 Seiten, broschiert, € 10,00
ISBN 978-3-938088-51-7

**Weitere Projekte siehe:
www.lenz-stiftung-mainz.de**